D1313346

ROBERTS O.M.

NEATH PORT TALBOT LIBRARIES

LLYFRAU ERAILL YNG NGHYFRES Y CEWRI

CYFRES Y CEWRI 12

ODDEUTU'R TÂN

O. M. ROBERTS

Gwasg
Gwynedd

Argraffiad Cyntaf — Mehefin 1994

© O. M. Roberts 1994

ISBN 0 86074 103 6

*Cyhoeddwyd ac Argraffwyd
gan Wasg Gwynedd, Caernarfon.*

ER COF AM
ELUNED

Cynnwys

Bro Arthur

Fe'm ganwyd ar yr wythfed ar hugain o Fawrth 1906 mewn bwthyn o'r enw Glyn Arthur ym mhlwyf Llan-ddeiniolen. Fy nhaid, tad fy mam, oedd wedi codi'r tŷ ar ôl cael darn o dir ar rent gan deulu'r Faenol, tirfeistri'r ardal. Ond wedi rhai blynyddoedd, aeth y bwthyn yn eiddo i'r Stad. Erbyn fy ngeni i, 'roedd fy nhad yn gorfod talu rhent am dŷ a godasai fy nhaid. Dyna'r drefn fileinig a fodolai.

Digwyddodd yr un peth i dad fy nhad yn y Fach-wen uwchben Llyn Padarn hefyd. A dweud y gwir, teulu'r Faenol, teulu Assheton Smith, oedd piau'r rhan fwyaf o'r ffermydd a'r bythynnod yn yr ardal hardd, garegog hon. Y Stad hefyd oedd yn rheoli bywydau y rhai a drigai yno — ac yn eu gormesu.

Pan briododd fy rhieni daeth fy nhad o'r Fach-wen i fyw at ei wraig a'i dad-yng-nghyfraith. Ychydig iawn o Gymraeg oedd rhwng y ddau ddyn, yn bennaf am fod fy nhad yn ysmygu a'm taid yn llwyr wrthwynebu'r arferiad hwnnw! Ymhen tair blynedd, penderfynodd fy nhaid ailbriodi a symud i Lanrug ac, yn naturiol, 'roedd fy nhad wrth ei fodd.

Cymysgedd eithaf rhyfedd o atgofion sydd gennyf am y cyfnod cynnar hwnnw yng Nglyn Arthur. 'Roedd yn dŷ ar safle diddorol iawn. Oddi yno gwelwn yr Wyddfa ac Elidir, lle gweithiai fy nhad a'r rhan fwyaf o'r ardalwyr. Ar ddiwrnod braf gwelwn drên bach yr Wyddfa yn araf ddringo a'r mwg gwyn yn codi o gorn yr injan. Gwelwn hefyd bolion Marconi yn codi ar fynydd Cefn Du, ond ychydig a wyddwn i bryd hynny am bwysigrwydd yr orsaf honno. Yn ymyl yr oedd Dinas Dinorwig a Ffynnon Gegin Arthur, ac ar y gaer uwch Ffynnon Gegin Arthur y cyfansoddodd R. Williams Parry ei soned 'Ymson Ynghylch Amser', ac ychydig i'r dwyrain yr oedd Afon Cegin lle boddodd Dafydd Ddu Eryri. Pan oedd yn athro yn Ysgol Sir Brynrefail 'roedd Williams Parry yn hoff o gerdded hyd y fro hon yn aml ac yn ddiweddarach arferai fynd â'r car i ymyl Dinas Dinorwig, ei adael yno, a cherdded ychydig yn y cwmpasoedd.

'Roedd gennyf dair chwaer hŷn na mi: Nesta, yr ieuengaf, wedyn Jennie a Mary. Mae'n debyg i mi gael mwy o sylw na'm haeddiant. Boddhawyd fy nhad yn fawr pan gafodd hogyn oherwydd aethai i ofni na chawsai ddim ond merched! Nid oedd ganddo, serch hynny, unrhyw gŵyn yn erbyn merched. Mam oedd cannwyll ei lygad ac ymdrechion mam — y golchi, y glanhau, y startsio, y pobi, y coginio a'r gwnïo — oedd yn cynnal yr aelwyd o wythnos i wythnos.

Penllanw'r wythnos i mam oedd y Sul. Dyna pryd y byddai ffrwyth ei llafur yn cael ei arddangos i'r byd. Cyflawnai bob tasg â balchder: sicrhau bod siwt orau fy nhad yn barod, a'i grys gwyn, ei gyffs a'i goler wedi'u startsio'n galed. Gadawai yntau'r bwthyn fel pe bai'n mynd i briodas. Deuai tro fy chwiorydd a minnau wedyn: ein gwisgo yn ein dillad Sul a'r rheiny wedi'u gwneud fel rheol gan mam ei hun yn hwyr y nos ar ôl i bawb arall fynd i'r gwely. Tramwyo yn ôl ac ymlaen rhwng y capel a'r tŷ fyddai hanes y teulu trwy gydol y Sul, a mam yn hwylio bwyd ynghanol y prysurdeb.

Nos Sul, wedi oedfa'r hwyr, byddai fy nhad yn mynd allan i'r cwt golchi yn y cefn ac yn llenwi'r foilar â dŵr. Gwaith mam fore Llun fyddai cynnau tân dan y foilar a berwi'r dŵr ar gyfer y golchi. Yn aml byddai angen golchi trowsus gwisgo fy nhad. Trowsus melfaréd gwyn traddodiadol oedd hwnnw, gan nad oedd ef yn fodlon ar y trowsus brown neu goch a wisgai rhai o'r chwarelwyr erbyn hynny. Edrychai dipyn yn od yn ei wyn ar y diwrnod cyntaf, ond ar ôl awr neu ddwy yn y wal neu ar y graig byddai'r trowsus cyn futred ag o'r blaen ac oriau o waith sgwrio arno i'w gael yn lân drachefn.

Un peth arall sydd yn fyw o hyd yn fy nghof yw'r pobi. Arferai mam bobi ddwywaith neu dair yr wythnos gan osod y bara yn bentwr ar lechen las yn y pantri. Yn bur aml byddai rhywfaint o does yn weddill — dim digon i wneud torth ond digon i wneud 'teisen' i ni'r plant. Dyna fyddai ein te ni wedyn — te digon o ryfeddod.

Y tŷ a'r teulu oedd byd mam. Dysgais lawer ganddi a chefais enw ganddi hefyd. Elizabeth Morris oedd hi cyn priodi a Morris yw fy enw canol innau.

Troesai byd fy nhad, John Jeffrey Roberts, o gwmpas tri pheth: y chwarel, pregethau a gwleidyddiaeth. Byddai ei ddiwrnod gwaith yn dechrau'n gynnar. Gadawai'r tŷ tua chwech o'r gloch yn y bore a cherddai ryw filltir a hanner i Bontrhythallt i ddal trên y gwaith a gychwynnai o'r Felinheli ac a deithiai trwy Fethel, Pontrhythallt a Brynrefail gan godi chwarelwyr ar hyd y daith. Byddai gan bob un o'r dynion ei sedd ei hun ar y trên, wedi talu amdani o'i gyflog a chael tocyn metel i brofi hynny. Meddyliwch amdanynt yn gorfod talu i'r meistr am gael eu cludo i'r gwaith.

Gweithio yn y wal hefo'i 'Jermon' y byddai fy nhad gan amlaf, yn naddu ac yn hollti cerrig. Yn ôl pob sôn 'roedd yn grefftwr medrus a chafodd sawl gwahoddiad i gynrychioli'r chwarel mewn sioeau a chystadlaethau ond gwrthod a wnâi bob tro. Un nerfus ydoedd.

Nid oedd byth yn sicr o'i gyflog gan nad oedd y fath beth ag isafswm bryd hynny; cael eu talu am eu cynnyrch a wnâi'r chwarelwyr. Weithiau pan fyddai'n rhaid tynnu rwbel o'r graig er mwyn mynd at y llechfaen byddai fy nhad a'i gyd-weithwyr yn gweithio am fis heb ennill ceiniog. Ar ben hynny, deuai pob chwarelwr â'i arfau ei hun i'r chwarel a thalu am eu hogi yn yr efail.

Cofiwch, dangosai'r landlordiaid garedigrwydd mawr o bryd i'w gilydd, a chynnig benthyg arian i gadw teuluoedd rhag llwgu. Ond byddai disgwyl pob ceiniog yn ôl y mis wedyn!

Dau fath o stiward oedd yn y chwarel: y stiward gosod a'r stiward bach. 'Roedd gan y stiward gosod rym enbyd gan mai ef oedd yn gyfrifol am osod y cyfraddau tâl — faint o fonws a gâi'r dynion am bob mil o lechi ar ddiwedd y mis. Pe bai 'nhad a'i gyd-weithiwr mewn lle manteisiol ac yn llwyddo i wneud cyflog da caent lai o fonws y mis wedyn er mwyn sicrhau y byddai'n rhaid gweithio'n galetach i ennill yr un faint o gyflog. 'Roedd fy nhad, yn ôl a ddeallaf, yn un o'r rhai a brotestiai'n llafar yn erbyn y drefn a chafodd ddioddef droeon oherwydd hynny. Cymry oedd y rhan fwyaf o'r stiwardiaid bach; y rhain fyddai'n sicrhau fod y dynion yn ufuddhau i orchmynion y rheolwyr o ddydd i ddydd. At ei gilydd, Torïaid ac eglwyswyr oeddynt ac ychydig iawn o Gymraeg oedd rhwng y 'cynffonwyr' hyn a'r chwarelwyr. Mae fy atgasedd tuag at y Torïaid — a chynffonwyr — wedi gwreiddio'n ddwfn o'r cyfnod hwn.

Clywais fy nhad yn adrodd stori am stiward gosod mawr, boliog yn mynd o gwmpas un mis a gweld un o bartneriaid fy nhad, 'Wil Bach Tair ar ddeg', mewn crys rhacsiog. (Cafodd y llysenw hwnnw am ei fod yn canu 'tair ar ddeg o longau bach' byth a hefyd ond ni allai ynganu'r 'tair ar ddeg' yn iawn.) 'Choelia'i byth, William Jones, na fuasech chi'n cael crys gwell na hwnna pe baech chi'n mynd i 'nghartre i at Mrs Jones 'cw,' meddai'r gosodwr. Ymhen y mis daeth heibio wedyn a gofynnodd, 'William Jones, fuoch chi acw?' 'Do, syr,' meddai William. 'Gawsoch chi grys?' 'Do, ac mi wnaeth y wraig grys i mi ohono fo ac mi dynnodd ddeunydd dau glwt pwdin o'i fol o!'

Yn blentyn ifanc, cofiaf ganu'r rhigwm 'Chwarelwr oedd fy nhaid, chwarelwr yw fy nhad, Chwarelwr fyddaf innau gyda'r gorau yn y wlad,' ond 'roedd fy nhad, fodd bynnag, eisoes wedi penderfynu na chawn fynd i'r chwarel. O wythnos i wythnos, y capel, pregethau a phregethwyr oedd ei bethau ef er nad oedd yn ddyn gorgrefyddol ychwaith. Byddai'n cerdded i gyfarfodydd pregethu i wrando ar rai fel John Williams, Brynsiencyn, Thomas Charles Williams a Thomas Williams, Gwalchmai. Digiodd wrth John Williams adeg y rhyfel gan ei fod yn Gaplan ac yn Gyrnol yn y fyddin ac yn ymddangos yn y pulpud mewn gwisg filwrol.

Cofiaf weld John Williams yn esgyn i'r pulpud yn Llanrug ac yn codi'i destun 'Cyfiawnder a ddyrchafa genedl'. Pregeth recriwtio ydoedd ac er mai plentyn ifanc iawn oeddwn, mae'r gwrthuni hwnnw yn aros hefo mi o hyd. Ar ôl y Rhyfel Mawr, yn rhyfedd iawn, maddeuodd fy nhad y pethau hyn iddo.

Capel y Glasgoed oedd ein capel ni; dyna ganolfan cymdeithasol yr ardal. Yno y byddai'r Gobeithlu a'r dosbarthiadau nos ac yno hefyd y byddai'r cyfarfodydd cystadleuol, yr eisteddfodau lleol cynnar. Fel pob plentyn arall yn yr ardal awn i'r Glasgoed yn rheolaidd — bob nos weithiau. Mewn dosbarth yn y capel y dysgais fy adroddiad cyntaf — 'Gelert, ci Llywelyn' a orffennai fel hyn:

Achubaist ti ei fywyd ef a lleddais innau di.
Cei faen o farmor ar dy fedd, anrhydedd fydd dy ran,
A'r ci, wrth lyfu llaw y llyw, fu farw yn y fan.'

Arferwn adrodd hwnnw mor aml nes i'm ffrindiau fynd i ddechrau galw 'Gelert' arnaf. Bu'n rhaid rhoi'r gorau i adrodd!

Diddordeb byw arall fy nhad oedd gwleidyddiaeth. Rhyddfrydwr ydoedd, a Lloyd George oedd ei eilun. 'Roedd yn un o'r chwarelwyr a gerddodd o'r Fach-wen i Gaernarfon y diwrnod yr enillodd Lloyd George ei sedd am y tro cyntaf a chael ei dynnu o gwmpas y dref mewn wagen. Dilynai fy nhad ei arwr o gyfarfod i gyfarfod ac adroddai'r hanesion wedi dod adref. Bu'n cefnogi'r Blaid Lafur yn ddiweddarach am fod yr ymgeisydd Llafur yn ysgrifennydd Undeb y Chwarelwyr. Hyd yn oed pan oeddwn yn blentyn bychan cefais fy nhrwytho yn y dadleuon o blaid sefydlu Gwasanaeth Iechyd a Datgysylltu'r Eglwys. O'r ddau bwnc, mae'n debyg mai'r ail oedd y pwysicaf. 'Roedd Eglwys Loegr yn anathema i Anghydffurfwyr y cyfnod. Diddorol hefyd yw cofio fod Lloyd George ar y pryd yn genedlaetholwr, a phan aeth rhai o'r chwarelwyr ato unwaith i drafod nifer o faterion a'u poenai ei gyngor iddynt oedd 'Ceisiwch yn gyntaf ymreolaeth a'r holl bethau hyn a roddir i chwi yn ychwaneg'. Ond fe anghofiodd ef hynny maes o law.

Ychydig iawn o sylw acw ar yr aelwyd a gafodd pynciau mawr eraill y cyfnod — Iwerddon, dyweder, a Mudiad y Suffragettes. 'Doedd gan fy nhad ddim diddordeb yn y Gwyddelod ac 'roedd gan mam ddigon o waith gofalu am ei theulu heb boeni am bynciau gwleidyddol.

Yn blentyn ifanc iawn cawn fynd i fferm ewythr fy mam, Cae Hop, rhyw hanner milltir o fwthyn Glyn Arthur. O'r fferm honno y byddem yn cael llaeth, menyn ac wyau. Gosodai fy modryb glwt ar bolyn uchel ar ddiwrnod corddi i roi gwybod inni fod menyn ar gael.

Yr adeg honno gellid tybio fy mod wedi fy nhynghedu i fynd i'r weinidogaeth. Yn ôl a ddeallaf arferwn weddïo ar ben rhyw garreg y tu allan i'r ffermdy, ac wrth geisio ailadrodd geiriau a glywswn yn y capel fe ddywedwn rai pethau anfwriadol ddigri. Un tro dywedais wrth y Bod Mawr, 'Mae gen i waith mawr maddau i ti!'

'Roeddwn yn meddwl y byd o'm hewythr, ac er bod ei fab, cefnder fy mam, dipyn yn nes at fy oedran i, yr hen ewythr oedd fy ffefryn. Y fo fyddai'n mynd â fi yn y drol amser cario gwair ac yn torchi fy llewys i mi fod yr un fath â fo; y fo fyddai'n gadael i mi wylio'r pladurwyr wrth eu gwaith, a fo fyddai'n rhoi'r awenau yn fy llaw pan âi'r drol wag yn ôl o'r gadlas. Yn y nos, ar ôl ei wylio'n dweud ei bader wrth erchwyn y gwely, cawn gysgu wrth ei ochr a chofiaf y byddai bob amser yn cysgu yn ei grys gwlanen cartref a'i drôns hir gydag incil yn ei glymu.

Pump oed oeddwn i pan fu farw fy modryb. Trefnwyd

cynhebrwng mawr ac, yn unol ag arferion y cyfnod, bu'r gwasanaeth ar iard y fferm, nid yn y capel. Ar wahân i'r teulu, dynion yn unig a fyddai'n mynd i gynhebrwng fel arfer bryd hynny ond byddai rhai cannoedd yn bresennol os oedd yr ymadawedig yn boblogaidd. 'Roedd mynd i'r angladd yn aberth wrth gwrs gan fod colli diwrnod o waith yn golygu colli diwrnod o gyflog yn y chwarel, ond ychydig iawn a fyddai'n cadw draw. Y drefn oedd i'r gynulleidfa fynd i'r tŷ a gadael arian — rhyw chwe cheiniog fel arfer — ar liain gwyn ar fwrdd ar ganol yr ystafell. Aent i mewn trwy un drws ac allan trwy ddrws arall, os oedd hynny'n bosibl. Amcan yr offrymu, wrth gwrs, oedd cynorthwyo'r teulu i gyfarfod costau'r claddu. Cyn y cynhebrwng ei hun byddai pobl wedi 'mynd i ddanfon' sef mynd â thipyn o de neu siwgr, menyn neu flawd i gadw'r teulu yn ystod cyfnod y galar. Ac nid oedd gofal y gymdeithas yn dod i ben ar ôl y cynhebrwng ychwaith. Gan nad oedd yswiriant gwladol na gwasanaeth iechyd, 'roedd y chwarelwyr wedi sefydlu clwb i gynorthwyo'r gweithwyr a'u teuluoedd mewn trallod ond os oedd y teulu yn arbennig o dlawd cynhelid cyngerdd elusennol yn ogystal. 'Roedd gwrthod prynu tocyn yn weithred amhoblogaidd iawn.

A minnau'n blentyn pump oed, felly, cefais fy mhrofiad cyntaf o gynhebrwng. Cawsom ni'r plant, Nesta, Jennie a minnau — ein tri mewn dillad duon o'r corun i'r sawdl — fynd i'r tŷ gyda'r teulu. Safai'r gweinidog yn y drws fel bod modd i'r dorf ar yr iard ei glywed. 'Roeddwn yn rhy ifanc i gofio llawer am y gwasanaeth ei hun, yr emynau a'r gweddïo; yn wir, 'roeddwn yn rhy ifanc i ddeall bod fy modryb wedi marw. Ond hyd yn oed yn blentyn pumlwydd oed sylweddolwn fy mod yn rhan o gymdeithas fawr glós.

Tua'r adeg honno, a minnau'n hogyn balch wedi cael ymadael â'm pais a chael gwisgo trowsus cwta yn ei lle, daeth newid mawr ar fyd. Cefais fynd i'r ysgol. Ychydig iawn a gofiaf am yr ysgol ei hun a'r gwersi a ddysgid yno. 'Roedd y capel a'r aelwyd eisoes wedi dysgu i mi ddarllen ac adrodd a dysgu ar y cof. Mae'n rhaid mai yn yr ysgol y dysgais i Saesneg oherwydd Saesneg oedd iaith y gwersi ffurfiol, ond ar wahân i hynny Cymraeg a ddefnyddiai'r athrawon gan amlaf, a Chymraeg oedd iaith y plant ar yr iard.

Cofiaf un digwyddiad yn glir. 'Roedd rheol bendant ynglŷn â chyrraedd erbyn naw o'r gloch ond yn blentyn ifanc ni allwn ddeall na dirnad y rheol honno. Ni wn a fu Arthur yn byw yn y fro erioed er bod ei enw'n frith yno — Glyn Arthur, fy nghartref, tafarn y King Arthur, a Ffynnon Gegin Arthur. Gwn, fodd bynnag, mai gwlad hud a lledrith oedd bro Arthur i blant ieuanc. Dro ar ôl tro byddwn i ac Emrys, hogyn o'r un oed â mi, yn hel blodau ac ati ac yn ei chael hi'n anodd i gyrraedd yr ysgol mewn pryd gan fod cymaint o bethau diddorol i'w gwneud a'u gweld ar y ffordd. Un bore cawsom ein hanfon at y prifathro a rhoddodd hwnnw'r gansen i ni o flaen y plant eraill i gyd. Rhuthrodd Nesta i amddiffyn ei brawd bach. Gwaeddodd 'Y cena brwnt!' ar y prifathro a chafodd hithau'r gansen hefyd!

Erys un digwyddiad arall yn fyw yn fy nghof. Soniwyd eisoes am Stad y Faenol. Un haf, penderfynodd prifathro'r ysgol fynd â'r plant i gyd i ymweld â'r Fonesig Assheton Smith. Bu'r daith yn ddigon difyr — mynd i stesion

Pontrhythallt, dal trên i'r Felinheli a chael wagen fawr i'r Faenol. Yno cawsom oren yr un a chyfle i eistedd ar lawnt y Plas yn chwarae gemau hefo'r Fonesig ei hun. Ar ddiwedd y prynhawn, aeth y prifathro ati i ddiolch yn y ffordd fwyaf blodeuog a chyfoglyd am ei gwasanaeth i ni'r plant. Hyd yn oed yn blentyn, teimlwn yn anghysurus iawn, ac o edrych yn ôl, 'rwy'n argyhoeddedig y dylai'r prifathro fod wedi egluro i ni'r plant fel y tra-arglwyddiaethai'r Faenol ar fywyd chwarelwyr a thyddynwyr.

Llanrug

Yr oeddwn yn wyth oed yn gadael Glyn Arthur. Ni fynnwn symud, a gallwn synhwyro y teimlai fy nhad yr un fath. Yn ei gwmni, daethwn yn gyfarwydd â phob cae a llethr, fferm a llwybr a thyddyn a nant yn y fro. Yn anffodus, fodd bynnag, yr oedd taid, tad fy mam, yn wael iawn, a bu'n rhaid mynd i ofalu amdano. Cymro uniaith oedd ef ond, yn rhyfedd iawn, fe briododd Gymraes ddi-Gymraeg. 'Roedd hi wedi marw cyn iddo gael ei daro'n wael. Felly i ffwrdd â ni i Lanrug ac i dŷ o'r enw *Park Villa*. Ceisiwyd darbwyllo fy nhaid lawer gwaith y dylid newid yr enw ond mae'n debyg mai ei wraig a'i dewisodd ac nid oedd newid i fod. *Park Villa* yw'r enw ar y tŷ hyd heddiw.

Pentref difyr oedd Llanrug — pentref annibynnol a rhyddfrydig heb fod ormod dan ddylanwad y stadau mawr fel y Faenol a'r Penrhyn. 'Roedd yno bedwar capel: capel mawr y Methodistiaid Calfinaidd, capeli bach yr Annibynwyr a'r Wesleaid a chapel llai fyth y Bedyddwyr. Hwn, addoldy'r Bedyddwyr, oedd y capel cyntaf i mi glywed sôn am ei gau. I'r Capel Mawr y byddem ni'n mynd, a hynny'n rheolaidd. Gan fy mod bellach yn hŷn gallwn fwynhau sawl agwedd ar fywyd y capel: cyfarfod darllen, seiat, y Gobeithlu, ac amrywiaeth o weithgareddau eraill.

Yr oedd dwy wedd a dau amcan i gyfarfodydd yr wythnos. Ein paratoi ar gyfer arholiadau Beiblaidd, yr Arholiad Sirol a'r arholiadau ysgrifenedig ar gyfer y

Gymanfa flynyddol a gynhelid yn un o gapeli mawr tref Caernarfon. Byddai'r Gystadleuaeth Flynyddol a gynhelid yn y capel ar nosweithiau Iau, Gwener a Sadwrn ym mis Mawrth, fel rheol, yn bwysig iawn i ni.

Yn ychwanegol at eitemau arferol cyfarfodydd eisteddfodol, sef canu ac adrodd, ceid arholiadau ysgrifenedig; ateb cwestiynau ar bynciau amrywiol; daearyddiaeth y Beibl; llenyddiaeth; arlunio; mesuroniaeth ac aml i bwnc arall. Gan na fedrwn ganu nac adrodd nid ymddangoswn ar y llwyfan ac eithrio pan enillwn ar rai o'r arholiadau ysgrifenedig. Wrth lwc, byddwn yn gwisgo *rosette* buddugwr weithiau!

Bûm yn aelod o gôr plant hefyd ond am reswm cwbl angherddorol: 'roedd yr hogiau wedi pledio â'r arweinydd imi gael mynd hefo nhw i wahanol lefydd. Arweinydd y côr hwnnw oedd Griffith Jones, taid Arwel Jones, Hogia'r Wyddfa, ac fe'm rhybuddiai i beidio â chanu ar boen fy mywyd!

Wrth edrych yn ôl ar yr holl weithgarwch ynglŷn â'r capel byddaf yn synnu at ymroddiad y dynion a ddeuai atom gyda'r nos ar ôl diwrnod caled o waith yn y chwarel neu ar y fferm. At ei gilydd, arweinwyr y capel oedd arweinwyr y gymdeithas hefyd ac 'roedd bod yn flaenor yn uchafbwynt cymdeithasol. Mae yna stori am hen lanc o dyddynnwr a oedd yn byw ar ei ben ei hun ac a roesai ei fryd ar fod yn flaenor, ond ei siomi a gâi bob gafael. O'r diwedd daeth ei dro yntau. Rhedodd adref o'r capel ac yn syth i'r beudy, rhoi ei ddwy fraich am wddf y fuwch a dweud, 'Seren fach, 'rwyt ti'n fuwch i flaenor heno!'

Ceid peth digrifwch hefyd oddi mewn i'r capel, yn enwedig yn y seiat pan fyddai ambell bechadur mawr yn cyfaddef ei feiau. Cofiaf y gweinidog yn gofyn i ryw wraig, 'Wel, beth sydd gynnoch chi i'w ddweud heno?' Hithau'n ateb, 'Fy ngweld fy hun yn bechadures fawr.' 'Wel ie, felly dwi'n clywed,' meddai'r gweinidog. 'Pwy sy'n deud? Pwy ddeudodd wrthach chi?' meddai hithau'n syth bin.

Os prysur oedd y gyda'r nosau, y Sul, wrth gwrs, oedd penllanw'r gweithgareddau. Pregeth am ddeg y bore a chwech yr hwyr a'r ysgol Sul am ddau, ac ar un adeg 'rwy'n cofio mynd i gyfarfod gweddi am naw o'r gloch y bore. Yr oedd mynd ar yr ysgol Sul gyda phresenoldeb o dros ddau gant fel rheol; dosbarthiadau i bob oedran o tua phump oed ymlaen. Ar ddiwedd y prynhawn byddai'r arolygwr yn dweud faint oedd y presenoldeb a faint o adnodau neu benillion a ddysgwyd ar y cof. Cyhoeddai hefyd pwy fyddai'n gyfrifol am y gwasanaeth dechreuol y Sul dilynol. 'Roedd trefn ar bopeth.

Cofiaf un Sul pryd 'roedd y sawl a enwyd i ddechrau'r ysgol Sul wedi methu â bod yn bresennol. Dyma'r arolygwr yn gofyn i un o'r dynion, 'Ddowch chi ymlaen i ddechrau'r ysgol?' 'Dechra hi dy hun,' meddai hwnnw, ond oherwydd nad arferai'r arolygwr gymryd rhan yn gyhoeddus bu'n rhaid gofyn i'r aelodau ddweud Gweddi'r Arglwydd gyda'i gilydd.

Os oedd amrywiaeth yng ngweithgareddau'r capel, unffurf a dilewyrch oedd yr ysgol bob dydd, fel y galwem ni'r ysgol elfennol. Yr oedd dwy ohonynt yn Llanrug: Ysgol y Bwrdd, Bryn Eryr ac Ysgol yr Eglwys, Glan-moelyn. I Lanmoelyn yr euthum i; hen adeilad gwael a'r waliau cerrig, a fu unwaith yn wyngalchog, yn wlyb gan damprwydd. Yn y gaeaf 'roedd hi'n drybeilig o oer ar adegau a byddai'n rhaid i'r athro gasglu'r plant ynghyd o gwmpas hen stof fyglyd. D. T. Rees, dyn o'r Sowth, oedd y prifathro ac er ei fod yn flaenor yng nghapel yr Annibynwyr ni chlywais ef erioed yn siarad Cymraeg yn yr ysgol.

Dau brif bwnc a ddysgid: Rhifyddeg a Saesneg. Nid oedd y pwyslais ar rifyddeg yn fy mhoeni o gwbl, yn wir byddwn wrth fy modd pan gawn fy esgusodi o'r wers ganu a'm gosod mewn cornel ar fy mhen fy hunan i ddatrys problemau mathemategol. Gosodwn yr atebion ar ddiwedd y cwestiynau yn llyfr y prifathro. Tybed faint o blant a gafodd gam am nad oedd eu hatebion yn cydfynd â'm rhai i?

Wedi pedair blynedd yn Ysgol Glanmoelyn rhaid oedd sefyll arholiad y sgolarship am fynediad i Ysgol Sir Brynrefail. Nifer fechan fyddai'n llwyddo, a byddai'r rhai aflwyddiannus yn treulio dwy neu dair blynedd ychwanegol yng Nglanmoelyn cyn mynd i'r chwarel. Wrth lwc, llwyddais, a hynny yn anrhydeddus. Aeth y llwyddiant i'm pen a mentrais chwarae triwant o'r ysgol am brynhawn cyfan. Gwae fi, cefais gurfa greulon am fy mhechod, a dyna sut y daeth cyfnod digon pleserus yn Ysgol Glanmoelyn i ben!

Ym mis Awst cyn i ni symud i Lanrug daeth fy nhad adref yn ffyrnig yr olwg a darn o bapur newydd yn ei law. Yr oedd y Rhyfel Byd Cyntaf wedi dechrau, ac yntau yn danbaid yn ei erbyn. Toc, daethom i arfer â phrinder bwyd a'r blacowt a daethom i arfer hefyd â gweld yr hogyn teligram yn curo ar ddrysau i ddweud bod plentyn arall wedi ei ladd dros y môr. Anfonwyd nifer fawr o'r dynion a oedd yn rhy hen i ymuno â'r fyddin i Lerpwl a mannau eraill i weithio yn y ffatrioedd arfau. Felly ychydig iawn o ddynion a oedd ar ôl yn y pentref. Erbyn y daeth yr amser i 'nhad gael ei alw yr oedd y rhyfel bron â dirwyn i ben, diolch i'r drefn.

Trwy gydol y rhyfel gweithiai fy nhad yn y chwarel. Yn ystod gaeaf 1917, a minnau'n ddeg, rhewodd Llyn Padarn yn galed. Am y tro cyntaf yn ein bywyd cafodd Nesta a minnau'r wefr o gerdded ar wyneb y llyn yr holl ffordd i fyny i'r chwarel gan wybod ein bod yn ddiogel gydag wyth modfedd o rew dan ein traed. Pan welsom fy nhad dyma ruthro ato ac mae gennyf atgof melys am y tri ohonom wedyn yn agor ein cotiau ac yn cael ein chwythu i lawr i ben arall y llyn.

Daw atgof chwerw hefyd. Cyn diwedd y rhyfel daeth trychineb i ran trigolion y pentref — ffliw marwol Sbaen. Bu'r ysgol ynghau am chwe wythnos a gwelid gyrwyr yr hers yn galw mewn sawl tŷ bob dydd. Yn fuan, daeth y salwch enbyd i'n tŷ ni, ac yn un ar ddeg oed bu'n rhaid i mi, gyda chymorth Trefor, mab y person, nyrsio gweddill y teulu i gyd. Bu mam a Jennie'n wael iawn am fis a bu 'nhad yn ei wely am chwe wythnos ond bu bron iawn inni golli Nesta. Trodd y ffliw yn niwmonia a theimlai ei brawd bach i'r byw na allai wneud mwy drosti. Wedi taro heibio i'r siop yr oeddwn pan glywais eiriau oer un o'r cymdogion, 'Dydi hogan bach Park Villa'n dal yn hir?' Ond gwella a wnaeth Nesta, diolch i'r drefn.

Cychwyn am ysgol Sir Brynrefail ym mis Medi, 1918. Taith gerdded o tua hanner awr, ond a gwtogwyd gryn dipyn wedi i mi gael beic (am basio'r sgolarship). Yr oedd fy nwy chwaer wedi bod yn ddisgyblion yno o'm blaen; yn wir, 'roedd Nesta yno o hyd, ar ei blwyddyn olaf. Weithiau, ar ganol gwers, byddai'n rhaid i mi ofyn am ganiatâd i geisio rhyw lyfr y byddai'r ddau ohonom yn ei ddefnyddio ar y cyd. Rhaid oedd prynu llyfrau yr adeg honno, a rhaid hefyd, wrth gwrs, oedd gwneud y defnydd gorau o bob llyfr.

Ni fu'r wythnos gyntaf yn un bleserus iawn i mi. Mae'n debyg fy mod yn camfyhafio a daeth bloedd oddi wrth Mr Robert Morris, *'Go to detention for the rest of the week.'* 'Roedd hyn yn ysgytwad enbyd i hogyn bach a phryderwn yn arw beth a ddywedai fy nhad. Yn ystod yr amser chwarae daeth un o'r hogiau ataf a gofyn, 'Be' ydi'r mater, boi bach?' Esboniais innau. 'Yli,' meddai yntau, 'dyma be' wnei di. Dos am dy gosb heno, a bydd yr Hen Fob (Robert Morris) wedi anghofio'r cwbl erbyn 'fory.' Ac felly y bu. Tom Rowland Hughes oedd yr hogyn mawr a'm cysurodd a Robert Morris oedd yr athro Saesneg, un o'r athrawon gorau a fu mewn ysgol erioed; byddai pawb yn llwyddo yn Saesneg yn ysgol Sir Brynrefail.

Treuliais bedair blynedd ddifyr iawn yno. Cymraeg oedd iaith y plant i gyd a Chymraeg oedd iaith yr athrawon ac eithrio'r prifathro, Mr Foster, gŵr o Rutland. Daeth diwedd sydyn i'r berthynas hyfryd rhwng disgyblion a'i gilydd a rhyngof fi a'r athrawon. Ar ôl pasio'r *Senior* 'roeddwn yn awyddus i astudio Mathemateg fel un o'r pynciau ar gyfer yr *Higher*, fel y gelwid Lefel A yr adeg honno, ond gan nad oedd yr un plentyn arall am ddewis Mathemateg dyma'r prifathro, yn ddiarwybod i mi, yn cysylltu â phrifathro Ysgol Ramadeg Caernarfon, a oedd yn arbenigo mewn Mathemateg, a gofyn iddo fy nerbyn i'r chweched dosbarth yno. Trwy deligram y clywais i am y symud.

'*Roberts is admitted.*' meddai'r neges, a bu'n rhaid i mi fynd.

Y siom gyntaf oedd Seisnigrwydd Ysgol Caernarfon. Yr ail oedd agwedd ynfyd y prifathro, E. P. Evans. Yr oedd ef yn athro Mathemateg penigamp ac ychydig iawn o'i fyfyrwyr a fyddai'n methu mewn arholiadau cyhoeddus, ond yr oedd ganddo agwedd annaturiol at berthynas hogiau a genethod ac ni chaniatâi i fachgen dorri gair â merch dan unrhyw amodau.

Ar orsaf Bangor un prynhawn gwelais hogan y drws nesaf inni yn Llanrug ac, yn naturiol, aethom i'r un cerbyd i gael sgwrs ar y daith i Gaernarfon. Pwy oedd ar orsaf Caernarfon pan ddaeth y trên i mewn ond E. P. Evans ei hun. Daeth amdanaf yn syth. '*This could mean expulsion!*' meddai. Rhuthrais innau adref yn llawn pryder. Pan aeth fy nhad i'w weld drannoeth dywedodd E.P. fod perygl i ferched ddifetha bywyd ei fab. Cyn bo hir 'roeddwn mewn trafferth eilwaith. Câi plant y Waunfawr fynd o'r ysgol yn gynnar bob prynhawn oherwydd amserlen y bysys ac o ganlyniad byddent yn colli'r tasgau gwaith cartref ac yn mynd i helbul wedyn. Yn eu mysg 'roedd Wil Vaughan, un o'm ffrindiau pennaf, a phan welais ei chwaer ar y stryd yng Nghaernarfon un bore Sadwrn, manteisiais ar y cyfle i roi neges i Wil am waith bwrw'r Sul. Fe'm gwelwyd, a'r Llun dilynol fe'm galwyd gerbron yr ysgol gyfan i esbonio f'anfadwaith. Tyngais lw na fyddwn byth yn tywyllu drws yr ysgol wedyn, ond mynd yn ôl a wneuthum. Er gwaethaf E. P. Evans yr oeddwn yn mwynhau rhai agweddau o fywyd yr ysgol: y cymdeithasau dadlau, y cyfarfodydd gwleidyddol — a'r criced. Yn ystod y cyfnod hwnnw y deuthum i enwogrwydd, am y tro cyntaf a'r olaf, fel boi chwaraeon. Cymerais ddeg wiced mewn un batiad ar gae Farrar ym Mangor.

Ac er gwaethaf E. P. Evans llwyddais hefyd i gynnal mwy nag un berthynas ddiniwed â genethod y cylch. Daeth un o'r cariadon hyn yn bwysig yn fy mywyd ymhen rhai blynyddoedd wedyn pan gymerais ran mewn rhyw sgarmes gyda Saunders, D.J. a Valentine.

Dyddiau Coleg

Cefais fy nerbyn i Goleg y Brifysgol, Bangor ar gyfer Hydref 1925. Gan i mi golli fy mam y mis Mawrth blaenorol bu'n rhaid i 'nhad ysgwyddo ychwaneg o gyfrifoldeb a chrwydro rhai o strydoedd Bangor i ymweld â rhai o'r tai a gymeradwyid gan swyddfa'r Coleg i letya myfyrwyr. Gan y byddwn yn mynd i'r hen goleg yn Hirael i gael darlithoedd Physeg, penderfynwyd lletya yn 74 Orme Road, gyda Mr a Mrs Richard Jones, ac yno y bûm am bedair blynedd, yn cael pob chwarae teg.

Y drefn fyddai i mi dalu chweugain am fy llety, a Mrs Jones i brynu bwyd ac ychwanegu'r gost at y chweugain. Erbyn hyn mae'n anodd credu y byddai punt yn ddigon i dalu'r bil am wythnos! Wrth gwrs, byddwn yn cael rhywfaint o fwyd o'm cartref, gan fy mod yn ddigon agos i bicio yno bron bob penwythnos. Ychydig iawn o arian poced a gawn, ond gan mai meibion a merched i'r dosbarth gweithiol o Ogledd Cymru oedd y rhan fwyaf o'r myfyrwyr, yr oeddem i gyd yn yr un cwch. Ychydig iawn ohonom a allai fforddio talu am fwyd mewn caffi a nifer fechan iawn, iawn a fynychai'r tafarnau. Mae'n siŵr fod yr ymgeiswyr am y Weinidogaeth yn well eu byd na'r rhelyw: caent dâl am bregethu'r Sul a grantiau gan y cyrff crefyddol, ac 'roedd ambell un wedi ennill ysgoloriaeth.

Paentiwr ac adeiladydd oedd Richard Jones, neu Dici Town fel yr adnabyddid ef ym Mangor. Yn ogystal â bod yn bêl-droediwr o fri (cafodd gap am chwarae dros

Gymru, a hynny yr un pryd â'r anfarwol Billy Meredith) 'roedd yn Rhyddfrydwr selog, a chrwydrai o dŷ i dŷ i ganfasio dros Lloyd George. Cofiaf ei siom am i nifer helaeth o fyfyrwyr heclo ei arwr mewn cyfarfod lecsiwn, a minnau yn eu plith. Dyna'r unig dro erioed i mi heclo mewn cyfarfod gwleidyddol! Cychwynnodd Lloyd George ei araith gan ddweud ei fod yn debyg i was ffarm yn mynd i ffair gyflogi. Dyma finnau'n bloeddio, 'Rydan ni wedi clywed honna o'r blaen!' 'Mi clywch hi eto, mae'n siŵr gen i,' meddai'r siaradwr! Bu'r ymyriad hwnnw o'm heiddo yn achos i Dici Town beidio â thorri gair hefo mi am ddyddiau.

Cofiaf i Dici ddod adref un noson â'i wep yn bur lwyd, a siom yn ei galon. Clywsai Lloyd George gan rywun nad oedd Rhyddfrydwyr Bangor yn gweithio'n ddigon caled ac aeth i'w pencadlys un gyda'r nos a dweud y drefn wrthynt yn y modd mwyaf ffyrnig a'u gyrru allan i'r strydoedd i ganfasio. Yn naturiol, teimlai Dici Town yn siomedig iawn gan iddo fod yn cerdded tai bob nos tan yn hwyr.

Maddeuodd i Lloyd George — ac i minnau — a bwriodd iddi i sefyll fel ymgeisydd am sedd ar Gyngor Dinas Bangor. Enillodd gyda mwyafrif mawr, neu, yn ei eiriau ef ei hun ar ôl y cyhoeddi, *'The biggest majority in the annals of the Bangor Corporation.'*

Y gorchwyl cyntaf ar ôl cyrraedd y Coleg ar y Bryn oedd cofrestru yn y Gyfadran Wyddonol a dweud wrth y Deon, yr Athro G. H. Bryan, F.R.S., un o Fathemategwyr pennaf ei gyfnod, yr hoffwn ddewis Mathemateg Bur, Physeg a Chymraeg i'w hastudio. Ei ymateb oedd chwerthin yn aflywodraethus. Pwy erioed a glywodd am fyfyriwr yn astudio Cymraeg mewn Cyfadran Wyddonol? Rhaid fu bodloni ar gofrestru i astudio Mathemateg Bur, Mathemateg Gymhwysol a Physeg. Popeth yn dda ynglŷn â Mathemateg Bur a Physeg ond gan na cheid Mathemateg Gymhwysol fel pwnc ar gyfer yr *Higher* yn Ysgol Caernarfon rhaid oedd cael prawf o'm gallu i ddilyn y pwnc hwnnw ar yr un lefel â'r ddau bwnc arall, sef yr hyn a elwid yn F.I. (cwrs yr ail flwyddyn).

Daeth bore Sadwrn ac i ffwrdd â mi i'r ystafell Fathemateg. Pwy oedd yno ond yr anhygoel G.H. Bryan (Georgie i'r myfyrwyr). Dyn tal, afrosgo, hagr a chwyrn ei agwedd. Rhoddodd hen bapur arholiad o'n blaenau gyda'r gorchymyn i ateb cymaint ag a fedrem. Cyn pen hanner awr daeth ataf a darllen yr ychydig gwestiynau yr oeddwn wedi eu hateb ac ysgrifennodd 'S' fawr *(Satisfactory)* ar draws y papur a dweud, '*You may go now.*' Dyna benderfynu felly mai dau fath o Fathemateg a Physeg a fyddai'r pynciau am y flwyddyn gyntaf.

Yr Athro G. H. Bryan, yr athrylith ei hun, a ddarlithiai ar Fathemateg Gymhwysol, a phe bawn yn croniclo'r pethau rhyfedd a ddigwyddodd yn ystod y flwyddyn, go brin y buasai neb yn eu credu. Yn y llyfr o ganeuon ysgafn a gyhoeddwyd gan y myfyrwyr y mae cân sy'n cychwyn fel hyn:

> *My name is Georgie Bryan,*
> *I'm the maddest of them all.*

Gwir oedd y gair! Dylasai ddarlithio i ni deirgwaith yr wythnos, ond byddem yn lwcus (neu anlwcus) pe gwelsem ef fwy nag unwaith. Ac i goroni'r cwbl, diflannodd o'r coleg cyn gosod papurau arholiad ar ddiwedd y flwyddyn!

Yn ychwanegol at y darlithoedd achlysurol gan Georgie Bryan rhaid oedd mynychu darlithoedd sychlyd gan y Mri Phillips a Curnow ar Fathemateg Bur. Yn y Coleg ar y Bryn y ceid y rheiny ond yn yr Hen Goleg yn Hirael y cartrefai'r gwyddonwyr ac yno y darlithiai yr Athro E. Taylor Jones ar Physeg. Cymro Cymraeg oedd ef ac yn ddarlithydd campus, ond yn anffodus i Fangor, gadawodd am gadair enwog ym Mhrifysgol Glasgow.

'Roedd awyrgylch gartrefol yn yr Hen Goleg. Ceid cryn dipyn o hwyl a difyrrwch pan ddeuai'r myfyrwyr ynghyd rhwng y darlithoedd i ganu rhai o'r caneuon ysgafn ac, wrth gwrs, canu emynau. Ar ddiwedd y flwyddyn golegol 1925-26 caewyd yr Hen Goleg a symudwyd y gwyddonwyr i adeiladau newydd yn Ffordd Farrar. Agorwyd y rhain yn swyddogol gan y gwyddonydd enwog, Syr J. J. Thomson.

Enwau dieithr i Gymry Gogledd Cymru oedd enwau'r athrawon a'r darlithwyr y soniwyd amdanynt eisoes eithr hysbys iawn oedd rhai fel yr Athro Hudson Williams, yr Athro Groeg—Cymro Cymraeg o Gaernarfon; yr Athro J. E. Lloyd, yr awdurdod mawr ar Hanes Cymru ac, wrth gwrs, Syr John Morris-Jones a'r Athro Ifor Williams, dau y gwyddai gwerin gwlad Cymru yn dda amdanynt. 'Welaist ti Syr John Morris-Jones?' oedd y cwestiwn cyntaf a ofynnodd fy nhad i mi y tro cyntaf yr euthum adref o'r coleg.

Y mae'n rhyfedd meddwl heddiw mai rhwng pedwar cant a hanner a phum cant o fyfyrwyr oedd yn y coleg fis Hydref 1925 a'r mwyafrif lletho l o'r rheiny yn Gymry Cymraeg. O chwe sir Gogledd Cymru y deuai'r rhan fwyaf ohonynt, gyda rhyw ychydig o Dde Cymru ac ychydig iawn o du draw i Glawdd Offa. Difyr oedd cerdded y coridorau yn y coleg a chlywed y Gymraeg yn cael ei siarad a'i chanu. Syndod o'r mwyaf i hogyn yn syth o'r ysgol oedd clywed myfyrwyr yn canu 'Mae eisiau crop ar wallt John Moi' pan gerddai'r sgolor mawr heibio!

Os Cymraeg oedd iaith y rhan fwyaf o'r myfyrwyr, yn ddi-feth Saesneg oedd iaith swyddogol y coleg. Yn Saesneg yr oedd pob arwydd a rhybudd a chyhoeddiad; Saesneg oedd iaith Cyngor y Myfyrwyr (S.R.C.) ac yn Saesneg y cedwid y cofnodion nes i J. E. Jones o Felin-y-wig, ysgrifennydd y Cyngor am y flwyddyn 1927-28, roddi'r cofnodion yn y ddwy iaith ar yr hysbysfwrdd. Saesneg hefyd oedd iaith *Omnibus*, cylchgrawn y Coleg, cyn 1925, ond yn araf bach gwelwyd ambell gân Gymraeg yn ymddangos ac wedi i Ifor Bowen Griffith ddod yn olygydd 'roedd y 'Golygyddol' yn ddwyieithog, a chyn diwedd y degawd ymddangosai cerddi Cymraeg gan R. E. Jones ac eraill.

Er mai prin oedd yr arian poced i'r rhan fwyaf ohonom nid oedd ball ar bleserau a mwyniant gan fod digon o amrywiaeth gweithgareddau ar gael i ddifyrru'r amser: chwaraeon o bob math; Cymdeithas y Cymric; y *Literary and Debating Society*; Eisteddfodau; Cymdeithasau Drama, Cymraeg a Saesneg. Yn ychwanegol at hyn oll, 'roedd clybiau dethol i'r dynion, megis *30 Club* a'r *Q Club* a'r GGG i'r Cymry Cymraeg. Soniaf fwy am Gymdeithas 'Y Tair G' yn y bennod nesaf.

Yn flynyddol arferai'r Gymdeithas Ddadlau Seisnig drefnu ffug-etholiad; rhyw chwarae plant, gwamalu a thrafod y pynciau rhyfeddaf. Yn ystod tymor y Nadolig 1927 penderfynwyd cynnal ffug-etholiad gwleidyddol a phob plaid yn cael ei lle a'i chyfle. Bu ymgyrchu brwd gan y pedair plaid a daeth rhai arweinwyr gwleidyddol amlwg i Fangor i annerch cyfarfodydd. Daeth Saunders Lewis dros y Blaid Genedlaethol Gymreig; Capten R. T. Evans dros y Blaid Ryddfrydol; Pethic Lawrence A.S. dros y Blaid Lafur a'r Cyrnol Emwnt dros y Ceidwadwyr. Ar ôl ymgyrchu gwyllt a hwyliog daeth dydd y pleidleisio, sef dydd Gwener, Tachwedd 9, 1927.

Dyma'r canlyniadau:

Cenedlaetholwyr	151
Rhyddfrydwyr	109
Sosialwyr	91
Ceidwadwyr	81

J. E. Jones oedd yr ymgeisydd llwyddiannus, ac wedi tymor byr yn dysgu plant yn Llundain penodwyd ef yn drefnydd Plaid Genedlaethol Cymru.

Ni fyddai hanes y dauddegau yng Ngholeg Bangor yn gyflawn heb sôn am y Gymdeithas Ddrama Gymraeg. Bu cynnydd sylweddol yn y gefnogaeth a gafodd y Gymdeithas, a gellir priodoli hynny i ddau ddigwyddiad. Penderfynwyd perfformio yn y *County Theatre* a dewiswyd J. J. Williams, prifathro Ysgol y Cefnfaes, Bethesda yn gyfarwyddwr. Brodor o Lanrug oedd Mr Williams, wedi treulio blynyddoedd yn athro yn Lerpwl ac wedi ymddiddori yn y ddrama. Bu'n ddiwyd ryfeddol gyda'r Gymdeithas; dewisai'r cast ar ôl profion manwl ac yna eu cyfarwyddo mewn ymarferiadau lawer a'r rheiny'n rhai trwyadl iawn. Mae'n debyg mai'r perfformiad mwyaf cofiadwy oedd hwnnw o 'Tŷ Dol', cyfieithiad o *'Doll's House'*, Ibsen gan yr Athro Ifor Williams. Yn hwnnw y disgleiriodd Elsie Evans fel Nora; daeth hi yn Mrs J. J.

Williams ymhen blynyddoedd wedyn. Ysgrifennydd y Gymdeithas Ddrama y flwyddyn honno oedd John Gwilym Jones, gŵr a wnaeth gymaint dros y ddrama yn y Coleg yn ddiweddarach. Perfformiad arall cofiadwy oedd 'Gadael Tir', cyfieithiad R. Williams Parry o *Outward Bound*, Sutton Vane.

Ym myd chwaraeon, y bêl-droed a gâi fwyaf o sylw. Byddai cynnwrf a brwdfrydedd eithriadol pan wynebai tîm y coleg dîm y Coleg Normal am Gwpan Woolworth ar y cae chwarae yn Ffordd Farrar. Nid oedd gan y Coleg Normal gymaint o ddynion i ddewis ohonynt ond rhaid cyfaddef mai pur gyfartal oedd y ddau dîm at ei gilydd. Yn ystod tymor 1928-29 bu gan Goleg y Brifysgol dîm eithriadol o gryf a enillai yn erbyn colegau fel Lerpwl, Manceinion a Birmingham.

Ar ddiwedd tair blynedd cefais radd B.Sc. mewn Physeg a Mathemateg Bur; gradd gyffredin heb fod yn debyg i'r hyn a ddisgwylid ar y cychwyn. Rhaid oedd treulio blwyddyn arall i ymbaratoi ar gyfer bod yn athro ysgol. Pennaeth yr Adran Addysg oedd yr Athro R. L. Archer a oedd hefyd yn warden Plas Menai, hostel lle trigai ychydig o ddynion o dan amodau digon cyntefig. Un hynod oedd yr Athro Archer ond heb fod yn yr un cae â'r Athro Bryan. Un llygad oedd ganddo a phan eisteddai mewn dosbarth yn gwrando ar rai o'i fyfyrwyr yn rhoi gwers gallech dyngu ei fod yn cysgu, ond ar ddiwedd y wers profai ei sylwadau gwreiddiol ei fod wedi clywed y cyfan. 'Dadi' oedd llysenw'r myfyrwyr arno a mawr fyddai'r rhialtwch pan gadeiriai Archer rai o gyfarfodydd lecsiwn y Rhyddfrydwyr. Byddem yn heclo'r siaradwyr ond yn rhoi croeso byddarol i'r cadeirydd!

Sais oedd Archer a Saesneg oedd iaith ei adran ond yn ystod y flwyddyn cafwyd deg darlith gan R. Williams Parry ar Ddysgu Barddoniaeth yn yr ysgolion a phleser oedd gwrando arno'n ymdrin â'r telynegion. Un o'r cerddi hynny oedd 'Cyfarch Dwyfor', Eifion Wyn. Er mawr syndod, a phryder, i mi, gofynnodd imi draddodi gwers o flaen aelodau ei ddosbarth ef. Yr arferiad yn nosbarth yr Athro Archer fyddai cyrchu rhyw ddosbarth bychan o un o'r ysgolion cyfagos, ond yr hyn a wnaeth R. Williams Parry oedd cyrchu nifer fawr o ddisgyblion o'r Ysgol Fodern, a rhaid fu i mi roi gwers ar 'Cyfarch Dwyfor' i dyrfa gymysg o fyfyrwyr a phlant. Bu'r myfyrwyr a'r darlithydd yn dyner a chynnil yn eu beirniadaeth o waith y prentis. Aeth Williams Parry â mi i'w ystafell, cynigiodd sigarét imi a dweud yn garedig, 'Rydych chi'n dioddef o'r un anhwylder â fi — nerfusrwydd.' Y fath gysur i brentis o athro oedd clywed darlithydd yn mynegi'r un profiad! Ychydig iawn o staff y coleg a fyddai'n ddigon mawrfrydig i wneud hyn. Os anghysur fu traddodi'r wers honno, cefais fendith ohoni ymhen rhyw flwyddyn: cytunodd R. Williams Parry i roi testimonial i mi pan geisiais am swydd yn Ysgol y Cefnfaes, Bethesda.

Wedi blwyddyn ysgafn yn paratoi am dystysgrif athro rhaid oedd cefnu ar y Coleg ar y Bryn a throi fy wyneb tua Llundain.

Ymuno â'r Blaid

Cyfnod diflas iawn yn hanes Cymreictod a hanes Cymru oedd y cyfnod ar ôl y Rhyfel Byd Cyntaf. 'Roedd y rhyfel wedi ei ymladd er budd cenhedloedd bychain, yn ôl propaganda Llywodraeth Prydain, ond 'roedd un genedl fechan wedi dioddef yn enbyd yn ystod y gyflafan ac wedi colli ugeiniau o filoedd o'i meibion — hufen y wlad. Cyfnod o anobaith ydoedd, a'r anobaith yn esgor ar ansicrwydd ac iselder ysbryd. Yr oedd ein hunan-barch a'n hewyllys fel cenedl, dros dro, wedi gwanychu ac adlewyrchid hynny yn y sefyllfa wleidyddol. Pan ddaeth yr etholiad cyntaf wedi'r rhyfel dywedodd Mr Hughes Davies, golygydd y *Welsh Outlook*, na fu erioed cyn lleied o sôn am broblemau Cymru. Fodd bynnag, yr oedd newid i ddod, ac yn ystod fy nghyfnod yn y coleg y digwyddodd hynny.

Pan groesais drothwy Coleg Bangor am y tro cyntaf yn 1925, pwy oedd yno i'm croesawu ond T. Rowland Hughes a oedd ar y pryd yn Llywydd y Myfyrwyr. Nid oeddwn mor ddagreuol ag oeddwn i'r tro cyntaf i ni gyfarfod ac yr oedd y croeso'n fwy ffurfiol o lawer.

Cefais ddigon o gyfle yno i ymddiddori mewn meysydd megis gwleidyddiaeth a llenyddiaeth, a hynny'n bennaf trwy Gymdeithas o'r enw 'Y Tair G' — y Gymdeithas Genedlaethol Gymreig. Yr oedd honno wedi ei sefydlu'n weddol gynnar ar ôl y rhyfel gan rai o'r Cymry twymgalon a ddaethai i'r coleg. Yn eu plith 'roedd Lewis Valentine, Moses Griffith a John Llewelyn Hughes. Cymdeithas eithaf ymosodol ydoedd a than arweiniad ei llywydd cyntaf, E. T. John, sicrhawyd bod trafod mawr ar bynciau a effeithiai ar Gymru a'i dyfodol. Yr oedd aelodau cynnar y Gymdeithas dan ddylanwad gwrthryfel Iwerddon ac 'roedd hanes y wlad honno'n hyddysg iawn iddynt; hanes gwrthryfel 1916 ei hun a hefyd wrth gwrs hanes yr etholiad wedyn pan bleidleisiodd mwyafrif llethol pobl Iwerddon dros hunanlywodraeth. Yr oedd Michael Collins, Dan Breen, Pádraic Pearse a De Valera yn enwau cyfarwydd. Erbyn 1925, pan gyrhaeddais i i'r coleg, 'roedd peth o'r tân wedi mynd, a mwy o bwyslais ar drafod llenyddiaeth a chymdeithasu. Yr oedd y gwreiddiau, fodd bynnag, yn ddwfn yn y tir a sicrhawyd bod yr aelodau newydd yn cael cyfle i ddod yn gyfarwydd â'r trafodaethau cynnar. Mae rhai o'r llyfrau pwysig yn fy meddiant o hyd, *My Fight for Irish Freedom* yn eu plith, a llun o'r awdur, Dan Breen, ar y clawr gyda gwn yn ei law.

Yr oedd rhai o aelodau'r Tair G, a rhai yn y Blaid ar ôl hynny, gan fy nghynnwys i fy hun, yn tybio y gallai Cymru efelychu Iwerddon yn ei brwydr am ryddid. Flynyddoedd yn ddiweddarach bu Saunders a minnau'n trafod y peth gan ddweud mor ffôl yr oeddem yn credu y gellid ennill hunanlywodraeth i Gymru trwy rym arfau. Sylw Saunders oedd, 'Nid Gwyddel ydi'r Cymro.'

Cefais fy nghroesawu i'r Gymdeithas gan y Cadeirydd, yr unig aelod o staff y coleg a oedd yn perthyn iddi, sef Robert Williams Parry. 'Ni ddylai unrhyw beth eich rhwystro rhag dod i'r cyfarfodydd,' meddai, 'ond angau neu rywbeth all esgor ar angau.' Ufuddhau wnaeth y rhan fwyaf ohonom ond ni chofiaf i neb gael ei ddisgyblu erioed. Yr oedd safon y trafod yn arbennig o uchel a rhai gwŷr a ddaeth yn amlwg ym mywyd Cymru ymhlith yr aelodau: Tom Parry, J. E. Meredith, Bleddyn Jones Roberts, Alun Lewis, John Gwilym Jones ac eraill.

Yn 1927 cyhoeddodd Saunders Lewis gyfrol ar Williams Pantycelyn, cyfrol a greodd gryn gynnwrf ar y pryd. Digiwyd amryw o arweinwyr crefyddol y dydd, pobl fel Dr Moelwyn Hughes, pregethwr amlwg iawn gyda'r Hen Gorff. Un noson yn y Gymdeithas gofynnwyd i Meirion Roberts, gŵr ifanc galluog iawn o ymyl Corwen gyda gradd dosbarth cyntaf mewn Athroniaeth, agor y mater ar 'Pantycelyn' Saunders. Wedi iddo orffen dyma Williams Parry yn dechrau siarad ac ni chafodd neb arall gyfle i ddweud gair y noson honno. Hyd y gwn i, dyna'r unig dro yn hanes y Tair G i Williams Parry ymhelaethu ar unrhyw bwnc. Fel rheol byddai'n gofyn i'r aelodau drafod ond y tro hwnnw 'roedd y testun at ei ddant.

Yn gyffredinol, cefais fwy o flas o lawer ar sesiynau'r Gymdeithas nag ar y darlithoedd gwyddoniaeth ffurfiol a oedd, at ei gilydd, yn ddychrynllyd o ddiflas. Yr unig gyfres o wersi ffurfiol i mi eu mwynhau yn ystod fy nhair blynedd yn y coleg oedd cwrs atodol ar y telynegion gan R. Williams Parry. Cofiaf hyd heddiw'r wefr a gefais wrth wrando arno'n adrodd 'Croeso Fedi, fis fy serch,' Eifion Wyn. Go brin y byddai llawer o ysgolheigion heddiw yn cytuno ag ef ond ystyriai R. Williams Parry mai Ceiriog oedd prif delynegwr Cymru ac mai 'Nant y Mynydd' oedd y delyneg orau yn yr iaith Gymraeg.

Un y byddai trafod brwd ar ei waith hefyd oedd Saunders Lewis ac un y byddai trafod brwd ar ei syniadau oedd Hugh Robert Jones. Pwy oedd hwnnw, meddech chi.

Buasai llythyrau yn y wasg yn rheolaidd dan enw H. R. Jones ers pedair blynedd. Un o Ebeneser, neu Lanbabo, ydoedd, ac amcan ei lythyrau bob tro fyddai tynnu sylw at y diffyg cefnogaeth i'r Gymraeg a Chymru'n gyffredinol.

Ym mis Medi 1924, yr oedd H.R. wedi penderfynu bod eisiau gwneud mwy nag ysgrifennu llythyrau. Trefnodd gyfarfod yng Nghaernarfon i drafod sefydlu Byddin Ymreolaeth Cymru. Yr oedd wedi llwyddo i ddenu nifer o bobl i'r cyfarfod — Ifor Williams, Meuryn a Gwilym R. Jones yn eu plith — ond bu gwrthwynebiad mawr gan rai i'r syniad o sefydlu 'byddin'. Galwyd cyfarfod arall yn 1925, a'r tro hwnnw cafwyd llawer iawn mwy o drafod. Yr oedd rhai, dan ddylanwad Iwerddon, am ymgyrchu'n filwrol; yr oedd eraill am ymgyrchu'n wleidyddol. Penderfynwyd bod eisiau symud ymlaen, ond nid oedd y cyfeiriad yn glir.

Yn ystod y cyfnod hwnnw clywodd H.R. fod carfan arall yn trafod yr un materion yn y De, pobl fel Saunders Lewis, Griffith John Williams a'r Parchedig Fred Jones, taid Dafydd Iwan. Ysgrifennodd H.R. at Saunders yn syth gan awgrymu y dylid cynnal un cyfarfod mawr gydag aelodau grŵp y De, grŵp y Gogledd a'r Tair 'G' yn bresennol. Yn y cyfarfod hwnnw, penderfynwyd ymwrthod â'r enw 'byddin' a sefydlu 'Mudiad Ymreolaeth Cymru'. Erbyn y pumed o Awst yr un flwyddyn yr oedd yr aelodau cynnar wedi cael mwy o amser i roi trefn ar y mudiad newydd a rhoi cyfeiriad iddo. Yn ddiddorol iawn, fodd bynnag, nid oedd Saunders a Valentine erioed wedi cyfarfod; 'roedd y naill a'r llall wedi bod yn mynychu cyfarfodydd gwahanol.

Y tu allan i gaffi Maes Gwyn ym Mhwllheli y safai Valentine a Fred Jones pan ofynnodd Valentine sut un oedd Saunders. 'Dyna fe, Saunders,' meddai Fred. 'Hwnna ydi o?' ebychodd Valentine gan ddisgwyl gweld clamp o bersonoliaeth drawiadol. O'i flaen 'roedd corff main yn cerdded wysg ei ochr ac yn cario'i het yn ei law. Fodd bynnag, os nad oedd Saunders yn edrych fel arweinydd gwleidyddol, 'roedd yn meddwl fel arweinydd. Yr hyn a lansiwyd ganddo ef a'r lleill y diwrnod hwnnw ar faes yr Eisteddfod ym Mhwllheli oedd Plaid Genedlaethol Cymru, a'r aelodau cyntaf oedd Saunders, Valentine, Moses Griffith, H. R. Jones, Fred Jones a Dafydd Edmwnd Williams (brawd Morris Williams). Y llywydd cyntaf oedd Valentine. Moses Griffith oedd y trysorydd — swydd eithaf syml gan nad oedd dimai goch gan y Blaid ar y pryd — a H. R. Jones oedd yr ysgrifennydd.

Yn Nhachwedd 1926 yr ymaelodais i â'r Blaid. Dywedodd J. E. Jones wrthyf fod Dyfnallt yn siarad mewn cyfarfod yn yr Institiwt, Caernarfon, ac euthum yno gyda J.E. a Gwilym Williams, brodor o Gwm-y-glo a ddaeth wedyn yn ohebydd Gogledd Cymru i'r *Manchester Guardian*. R. Williams Parry oedd yn y gadair ac 'roedd hynny'n beth go anarferol oherwydd anaml iawn y byddai'n fodlon cadeirio i neb oddigerth Saunders Lewis. Cafwyd araith rymus iawn gan Dyfnallt ac ar y diwedd rhannai H. R. Jones ffurflenni ymaelodi. Ymunodd J.E. a Gwilym yn y fan a'r lle ond yr oeddwn i'n fwy gochelgar ac euthum â'r ffurflen adref hefo mi. Wedi'r cwbwl, 'roeddwn wedi bod yn siarad dros y Blaid Lafur pan oeddwn yn yr ysgol! Sut bynnag, ymhen rhyw bythefnos penderfynais ymuno ac anfonais y ffurflen at H. R. Jones.

Cefais y fraint o ddod i adnabod H.R. yn arbennig o dda er nad oedd y berthynas bob amser yn un hawdd. Chwarelwr yn chwarel Dinorwig ydoedd wrth ei grefft ond torrodd ei iechyd a bu'n rhaid iddo adael y chwarel. Erbyn 1925, ac yntau'n 31 oed, 'roedd wedi cael gwaith fel trafaeliwr i gwmni Morris a Jones, Caernarfon. Dyn ifanc gwael ei iechyd, gwelw ei wedd ydoedd, yn pesychu yn ddidrugaredd ac eto yn mynnu gweithio. Y tro cyntaf iddo ddod i'n tŷ ni, ac yntau'n pesychu fel ceffyl, dywedodd fy nhad yn dawel na fyddai byw yn hir. Yn anffodus, 'roedd fy nhad yn iawn, a bu H.R. farw'n ddyn ifanc er mawr golled i'w gyfeillion ac i'r Blaid. 'Gŵr a Chymru yn ei galon oedd H.R.,' meddai Saunders. 'Nid wyf yn tybio y gallai neb byth ei charu hi'n burach na symlach, ei charu hi heb ofyn dim yn ôl ganddi, ei charu â'i holl galon.'

Ychwanegodd Saunders: 'Ym mhethau'r byd yr oedd fel plentyn, yr oedd o'n gwbl anghofus a difater am ei boced ei hun, am ei ddyfodol a hyd yn oed am bob mater bara a chaws a swllt a phunt.' Cywir. Yr oedd hefyd, ysywaeth, yn gwbl anghofus a difater am rai pethau eraill, gan gynnwys trefniadau cyfarfodydd cynnar y Blaid!

Penodwyd H.R. yn drefnydd cyntaf y Blaid a threuliodd oriau lawer yn trefnu i weld pwysigion y wlad i geisio dylanwadu arnynt. Treuliodd hefyd oriau lawer yn ysgrifennu i'r wasg ac i aelodau a darpar-aelodau. Gan fod Nesta yn ysgrifennydd ar Bwyllgor Sir Gaernarfon byddai llythyrau yn tyrru i Park Villa. Gwaith arall H.R. oedd trefnu i anfon siaradwyr, a minnau yn eu plith, i annerch mewn cyfarfodydd cyhoeddus. Yn bur aml, digwyddai rhywbeth fel hyn: cnoc ar ddrws fy llety yn Orme Road, Bangor ac Idwal Roberts, Glanrhydfadog ar y rhiniog. 'Mae H.R. eisiau inni fynd i gynnal cyfarfod ym Mrynsiencyn heno.' I ffwrdd â ni wedyn i chwilio am Tom Parry a Bleddyn Jones Roberts i'n cynorthwyo. Unioni am Frynsiencyn, gan geisio paratoi'n frysiog ar y ffordd, a gweld fod y neuadd yn wag a neb yn gwybod am y cyfarfod! Mynd o dŷ i dŷ y byddem wedyn i chwilio am gynulleidfa.

Llwyddwyd yn rhyfeddol i ddenu cynulleidfaoedd er mai rhai bach oeddynt fel arfer. Nid eu diddordeb mewn gwleidyddiaeth fodd bynnag a'u denai bob tro. 'Mi ddo' i i wrando arnoch chi. 'Dach chi reit olygus!' meddai rhyw ddynes unwaith wrth fachgen yn nrws ei thŷ!

Dro arall, cofiaf fynd draw i Dregarth yng nghwmni Ambrose Bebb a dau arall o lafnau'r coleg. Fel arfer, nid oedd yno gynulleidfa ar ein cyfer ac felly dyma fynd i dŷ'r ysgol at y prifathro, Mr Pierce, a chael benthyg cloch a mynd o amgylch y pentref i ganu honno. Gan ei bod yn noson braf penderfynwyd cynnal y cyfarfod allan ar y stryd. Neidiodd Bebb, a oedd yn heini iawn, i ben y wal a dechrau siarad yn ei lais tenor hyfryd. Ymgynullodd pobl i wrando arno o ran chwilfrydedd. Ambrose Bebb oedd cadeirydd cangen y Blaid ym Mangor ond 'roedd yn fwy na chadeirydd mewn gwirionedd; 'roedd yn fath o diwtor inni ar genedlaetholdeb a hanes Cymru. Mae gennyf lawer iawn o waith diolch iddo a chredaf na chafodd hanner digon o glod am ei gyfraniad aruthrol.

Cynhelid rhai cyfarfodydd mwy ffurfiol wrth gwrs, gan amlaf yn yr Institiwt yng Nghaernarfon a than gadeiryddiaeth R. Williams Parry. Yn aml, fe wahoddid

Saunders i siarad ac, er tegwch â H.R., byddai pawb yn cael clywed am gyfarfodydd felly. Cofiaf Saunders yn taranu yn erbyn y sefyllfa yn yr India un noson. Soniodd am dra-arglwyddiaeth Lloegr ac am ei heffeithiau enbyd ar bobl ac economi'r wlad, ac yna trodd ar y capeli. 'Gofynnwch i'ch cenhadon chi ddweud y gwir am beth sy'n digwydd yn yr India,' meddai, a thynnodd nyth cacwn yn ei ben. Yr wythnos wedyn gwelwyd ymosodiadau ffyrnig yn *Y Goleuad* a phapurau eraill.

Datblygiad arall yn ystod y cyfnod hwn oedd yr Ysgolion Haf blynyddol. Bu'r gyntaf ym Machynlleth, yr ail yn Llangollen a'r drydedd, yn 1928, yn Llandeilo. Yn rhyfedd iawn, ac ystyried cyn lleied o bobl a fyddai'n mynychu'r cyfarfodydd lleol ar hyd a lled Cymru, tueddai'r Ysgolion Haf i ddenu cynulleidfaoedd mawr. Daeth trigain i Fachynlleth yn 1926 i glywed Saunders yn gosod sylfeini'r Blaid yn ei araith 'Egwyddorion Cenedlaetholdeb', a daeth yr un nifer i Langollen y flwyddyn wedyn. Nid oedd y mynychwyr bob tro, wrth gwrs, yn aelodau o Blaid Genedlaethol Cymru; mynd i wrando ar y trafodaethau a wnâi rhai.

Ysgol Haf 1928 oedd yr un gyntaf i mi. Penderfynodd dau ohonom — fy nghyfaill J. E. Jones a minnau — deithio i lawr i Landeilo ar gefn beic. Dyma fi felly yn cychwyn o Lanrug a beicio i'r Bala lle 'roedd J.E. yn lletya, a chysgu'r noson yn y fan honno. Ymlaen â'r ddau ohonom wedyn i Aberarth, cysgu noson, a rhagom drannoeth i Landeilo trwy'r glaw. Yr oeddym yn wlyb o'r corun i'r sawdl yn cyrraedd yr Ysgol Haf, a heb ddillad sych i newid. Gyrrwyd ni i ymgartrefu mewn festri capel. Dyna wersyll cyntaf y Blaid a chofiaf fod chwech ohonom yn cysgu ar feinciau gyda chlustogau'r sêt fawr dan ein pennau. 'Roedd pedwar o'r chwech yn ymgeiswyr am y Weinidogaeth; felly 'doedd y sêt fawr ddim yn ddieithr iddynt.

Bu peth cynnwrf yn yr Ysgol Haf honno. Gofynnodd H. R. Jones i Huw Roberts (y Parchedig Huw Roberts wedyn) a minnau fynd o gwmpas Llandeilo gyda chloch law i gyhoeddi bod Leila Megane yn canu yn un o gyngherddau'r Ysgol Haf. Wrth gwrs, 'roedd yn ofynnol cael caniatâd yr heddlu i wneud hynny. Pan aethom i swyddfa'r heddlu dywedodd yr Arolygydd wrthym y dylai ein cloi yn y ddalfa am gadw twrw hyd y lle. Cyfeirio 'roedd at y ffaith ein bod yn tueddu i ganu wrth gerdded hyd y stryd ar fin nos, ac i mi, dyna un gwahaniaeth mawr rhwng y cyfnod hwnnw a'r cyfnod presennol: 'roedd yr ifanc, y canol oed a hyd yn oed yr hen yn un gymdeithas. Gwelech Valentine a D.J. yn cerdded dan ganu ymysg criw o rai ifanc. Dyna'r 'twrw' a oedd wedi cythruddo'r Arolygydd! Ond fe fu peth cynnwrf arall hefyd. Arhosai Saunders, Valentine, D.J., Kate Roberts, Morris Williams, R. Williams Parry ac un neu ddau arall mewn gwesty yn y dref ac ymddengys nad oedd y perchnogion wedi gofyn iddynt dorri eu henwau ar y gofrestr. Felly, pan aeth heddwas i'r gwesty yn hwyr un noson 'roedd yn naturiol iddo ddod i'r casgliad fod yno yfed anghyfreithlon. Gan fod yr helynt wedi'i grybwyll yn y llyfr *Annwyl Kate, Annwyl Saunders* nid oes bwrpas ei ailadrodd yma.

Yn yr Ysgol Haf honno y cyfarfûm am y tro cyntaf â phobl fel D. J. Williams, Dr. D. J. Davies a Gwenallt, pobl y bu'n anrhydedd i mi gael ymwneud â nhw. Yno hefyd y deuthum i wir gysylltiad â Saunders am y tro cyntaf, cysylltiad a barhaodd am yn agos i drigain mlynedd a chysylltiad a ystyriaf yn un o freintiau mawr fy mywyd. Dyma un frawddeg o'i eiddo mewn araith yn Llandeilo: 'Safwn yn gadarn a diysgog dros ein hegwyddorion.' Dyna, i mi, oedd ei gryfder mawr ef, a dyna a'n tynnai ato yn y cyfnod cynnar hwnnw. Mae'n wir nad oedd yn cymysgu rhyw lawer â ni rhwng ac ar ôl cyfarfodydd ond yr oedd ganddo reswm digon dilys: byddai'n paratoi'n fanwl a thrylwyr ar gyfer pob cyfarfod, hyd yn oed y rhai nad oedd ef ei hunan yn siarad ynddynt. Yr oedd yn olygydd *Y Ddraig Goch* hefyd, wrth gwrs, ac 'roedd hynny'n mynd â llawer o'i amser. Yr oedd ei ysgrifau clir a phendant yn y cyhoeddiad hwnnw nid yn unig yn eich argyhoeddi ond yn eich cynhyrfu'n ogystal. O edrych yn ôl, efallai nad oedd yn iawn bob tro ond ar y pryd, i ddyn ifanc fel fi, ef oedd yn iawn yn ddieithriad.

Clywid sŵn ym mrig y morwydd fod Etholiad Cyffredinol ar y gorwel a bu'n rhaid i'r Blaid benderfynu ar ei strategaeth. Yr oedd rhai am ymladd tair sedd — sedd y Brifysgol, sedd Caerfyrddin a sedd Arfon — ond ar ôl trafodaethau hir penderfynwyd canolbwyntio ar sedd Arfon yn unig. Etholaeth enfawr oedd honno, yn cyrraedd yr holl ffordd o Lysfaen ger Bae Colwyn i Aberdaron ond yn hepgor y bwrdeisdrefi Pwllheli, Cricieth, Nefyn, Bangor, Caernarfon, Llandudno a Chonwy a berthynai i etholaeth arall, sef un Lloyd George, ac ni fyddai'n bosibl ei ddisodli ef.

Pwyllgor Sir Gaernarfon o'r Blaid oedd i drefnu'r etholiad — R. Williams Parry yn gadeirydd, Nesta fy chwaer yn ysgrifennydd, Gwilym R. Jones yn drysorydd a H.R. yn drefnydd. Ymhlith yr aelodau, 'roedd Lewis Valentine, J. E. Daniel, Ambrose Bebb, y Parchedig J. P. Davies, D. Ben Owen, Alwyn Owen, Hywel D. Roberts, Dafydd Edmwnd Williams a minnau. 'Roeddwn ar fy mlwyddyn olaf yn y coleg, ac erbyn hynny yn cynrychioli cangen y coleg o'r Blaid, cangen a oedd newydd gael ei ffurfio gan fod y Tair 'G' wedi penderfynu peidio ag ymgysylltu'n ffurfiol â'r blaid newydd.

Mewn cyfarfod yng ngwesty Pendref yng Nghaernarfon penderfynwyd mabwysiadu Valentine yn ymgeisydd cyntaf Plaid Cymru, ac ar ôl y bleidlais cafwyd gweddi.

Buasai wedi bod yn amhosibl cael ymgeisydd gwell; yr oedd Cymru yn ei waed a thân yn ei fol, ond 'roedd hefyd yn glamp o ddyn mawr gyda phersonoliaeth hardd a gwên hawddgar.

Oeraidd iawn oedd y derbyniad a gafodd y cyhoeddiad gan y wasg yng Nghymru (Cymraeg a Saesneg). Serch hynny, yr oedd eithriad, sef *Y Genedl Gymreig*. Ysgrifennodd E. Morgan Humphreys: 'Y mae'n amhosibl i unrhyw ddyn sydd yn teimlo fod cenedlaetholdeb a gwareiddiad Cymru yn bwysig a'n bod yn awr mewn cyfwng pwysig iawn yn hanes y genedl beidio cydymdeimlo â llawer o ddelfrydau a dyheadau y Blaid Genedlaethol. Y mae yn rhaid i Gymru ddysgu meddwl yn wleidyddol drosti ei hun a dysgu synio amdani ei hun fel cenedl fel y gwna'r Gwyddelod neu, dyweder, y Norwegiaid. Mewn gair ein hangen mawr ydyw hunan barch cenedlaethol.' Llawenydd oedd darllen sylw o'r fath ynghanol y beirniadu ffôl a geid gan y wasg yn gyffredinol.

Ar y dechrau, ychydig iawn a gymerodd sylw o ymgyrch Valentine a'r Blaid. Nid oedd y papurau yn ystyried ein bod o ddifri ond fe'u profwyd yn anghywir. Dechreuodd y niferoedd yn ein cyfarfodydd gynyddu a byddai Lewis Valentine bob amser yn cael derbyniad croesawus iawn. Ar gefn ei foto-beic, hen *Triumph*, y teithiai i'r cyfarfodydd; cawr o ddyn, cap am ei ben a'r pig tu ôl ymlaen, a chôt a legins amdano. Wedi cyrraedd dadwisgai'r gêr ac i'r llwyfan ag ef yn ei siwt pregethwr. Yn ystod yr ymgyrch teithiodd dros dair mil o filltiroedd ar y moto-beic.

Gan fy mod innau erbyn hynny yn hen law ar gynnal cyfarfodydd fe'm hanfonid yn aml i gynorthwyo. Wrth geisio cyrraedd un o'r cyfarfodydd hyn y troais yn lleidr am yr unig dro yn fy mywyd. Ar ymarfer dysgu yn Ysgol Lewis Jones, ysgol y bechgyn yn Twthill, Caernarfon yr oeddwn pan ddaeth cais imi fynd i Dal-y-sarn. Rhuthrais o'r ysgol er mwyn mynd adref i Lanrug ac oddi yno i Dal-y-sarn. Pan gyrhaeddais yr oedd Dafydd Edmwnd Williams yn aros amdanaf. 'Dwyt ti ddim i fod yn y fan yma,' meddai. 'Yn y Groeslon 'rwyt ti i fod.' Dangosais y nodyn a gawswn gan H.R., ond 'roedd hwnnw 'ddyliwn wedi gwneud camgymeriad. Cyfarfod o'r Blaid Lafur oedd yn Nhal-y-sarn! 'Sut a' i yno?' gofynnais, ac ateb Dafydd Edmwnd oedd gafael mewn beic merch, beic un o aelodau'r Blaid Lafur. 'Dos hefo hwn,' meddai, ac i'r Groeslon â mi. Cefais reid adref ar ôl y cyfarfod a gadewais y beic yn y Groeslon!

Er na dderbyniai'r gweithwyr yr un ddimai goch at eu treuliau yr oedd costau ymladd yr etholiad yn ddychryn i'r trefnwyr. Rhaid oedd talu am neuaddau i gynnal cyfarfodydd, am bamffledi a phosteri a holl gostau arferol etholiad. Nid oedd gwŷr ariannog yn perthyn i'r Blaid ond trwy haelioni aelodau selog a'u gwaith yn casglu mân symiau gan berthnasau a ffrindiau llwyddwyd i godi cronfa i ymladd yr etholiad.

Yn ychwanegol at yr arian angenrheidiol i gynnal yr ymgyrch o ddydd i ddydd rhaid oedd wrth £150 o ernes cyn y gellid enwebu'r ymgeisydd. Casglwyd yr arian yn fân symiau ac ar 20 Mai, 1929 aeth Lewis Valentine â'r papur enwebu ynghyd â'r arian, yn bapurau punt a phapurau chweugain, i swyddfa'r Swyddog Etholiad yn neuadd y Cyngor Sir, Caernarfon. Aeth Robert Williams Parry gyda'r ymgeisydd i gyflwyno'r enwebiad a'r ernes.

Mae'r papur enwebu a gyflwynwyd i'r swyddog etholiad y diwrnod hwnnw yn un hanesyddol; papur enwebu'r ymgeisydd cyntaf erioed i sefyll etholiad yn enw Plaid Genedlaethol Cymru; papur enwebu a gychwynnodd gyfnod newydd yn hanes cenedl y Cymry. Dyma enwau'r deg sydd ar y ddogfen hanesyddol hon:

Cynnig:	R. Williams Parry, Plwyf Bethesda
Eilio:	J. P. Davies, Plwyf Llanberis
Ategu:	H. R. Jones, Llanddeiniolen
	Benjamin Owen, Llanberis
	D.E. Williams, Plwyf Llandwrog
	E. Alwyn Owen, Plwyf Beddgelert
	Priscilla Roberts, Llanddeiniolen
	Nesta Roberts, Llanrug
	G. R. Jones, Plwyf Llanllyfni
	R. H. Jones, Plwyf Llanllyfni

Yn ei ymdrech i gael canfaswyr mewn gwahanol ardaloedd ysgrifennodd H.R. at gyfeillion i ofyn am eu cymorth neu am enwau cynorthwywyr posibl yn y mannau hynny. Un o'r rhai a gafodd lythyr oedd Bob

Owen Croesor, ac meddai wrth ateb H.R., 'Ni theimlaf fy hun yn ŵr digon doeth i wynebu diawliaid snobyddlyd ein trefydd fel Porthmadog a Thremadog, felly gwell gennyf gadw o'r lleoedd hynny.' Gofynnwyd i R. Williams Parry hefyd awgrymu enwau ym Methesda, a dyma'r testimonial a roddodd i un darpar gefnogwr: 'Hen lanc, blaenor gyda'r Hen Gorff. Crefyddol dros ben, poenus felly. Cefnog, a natur crydcymalau yn ei figyrnau pan fydd pres yn ei ddwrn — poen wrth ei agor. Wedi teithio llawer ar y Cyfandir. Un distaw, di-wên a dihiwmor. Rhyw ogor droi o gwmpas nith . . . meddan nhw. H'm ogla dipyn o wirionedd ynddo, ebra finna'. Llysieueg yw ei faes, a'i fusnes, meindio ei fusnes ei hunan. Ond ni fyddwch waeth â rhoddi ergyd iddo. Mae gan yr Hippo ei fan gwan fel y dryw.'

Nid oedd R. Williams Parry ei hun yn fawr o wleidydd cyhoeddus ond byddai'n fwy na pharod ei wasanaeth fel gyrrwr. Nid bob amser y byddai'n gwmni da ychwaith; gallai fod yn un poenus ar adegau. Cofiaf amdanom ar ein ffordd i Lanberis yn ei gar un noson a minnau'n ymbaratoi ar gyfer fy araith. Fel Bethesda, yr oedd Llanberis yn dalcen caled iawn i'r Blaid; ychydig iawn o groeso a gâi cenedlaetholwyr yn ardaloedd y chwareli. Yr ardaloedd gwledig megis Rhyd-ddu, Ysbyty Ifan a Dyffryn Conwy oedd y cadarnleoedd. Gwyddai Williams Parry am hyn wrth gwrs a theimlai'n bryderus. 'Dwedwch i mi, O.M.,' meddai, 'beth wnewch chi os eith hi'n big arnoch chi?' A minnau'n ddyn ifanc llawn hyder, yn y coleg, gwneuthum jôc o'r peth. 'Wel, gofyn am gwestiynau,' meddwn. 'Na, o ddifri, O.M., beth wnewch chi?' Soniais innau rywbeth am ddal ati a gwneud fy ngorau ond 'doedd hynny 'chwaith ddim yn ddigon i blesio'r bardd. 'Ylwch,' meddai toc, 'os eith hi'n big arnoch chi rhowch emyn allan i'w ganu!'

Erbyn hyn 'roedd diwrnod yr Etholiad Cyffredinol yn agosáu. Tra oedd y siaradwyr ar hyd a lled y sir yn y cyfarfodydd 'roedd Gwilym R. ac eraill yn ysgrifennu cyfeiriadau ar amlenni. 'Roedd y rheiny bron yn barod — tua deugain mil ohonynt — pan sylweddolodd H.R. ei fod wedi gwneud camgymeriad enbyd. Rhywsut neu'i gilydd 'roedd y rhestrau enwau wedi cymysgu a byddai'n rhaid ail-wneud llawer o'r gwaith. Druan o H.R. Teimlai'r peth i'r byw ac ofnem ninnau amdano gan fod ei iechyd mor wantan. Pwy ddaeth i'r adwy ond R. T. Jones, ymgeisydd y Blaid Lafur a oedd hefyd yn ysgrifennydd Undeb y Chwarelwyr. Cynigiodd inni gyflenwad newydd o amlenni ynghyd â chymorth i'w cyfeirio. Teyrnasai brawdgarwch y pryd hwnnw.

Dechreuwyd ar y gwaith rhag blaen. Am gyfnod, bu'n rhaid i'r siaradwyr — pobl fel Ambrose Bebb, J. E. Daniel, Gwilym R. Jones ac eraill — weithio shifftiau dwbwl, gan annerch cyfarfodydd gyda'r nos a chyfeirio amlenni trwy'r dydd. Cynigiodd R. Williams Parry ei wasanaeth hefyd ond ni dderbyniwyd ei gynnig ef am y rheswm syml y byddai'n adrodd straeon a diddori'r criw ac o ganlyniad yn arafu'r gwaith. Sut bynnag, llwyddwyd i gyflawni'r dasg enfawr mewn pryd.

Rhyw fore Sadwrn yn ystod y gorchwyl o ysgrifennu'r amlenni daeth cynrychiolwyr o Awdurdod Addysg Llundain i Fangor i siarad â rhai o'r myfyrwyr a oedd ar ymarfer dysgu. Yr oeddym i gyd wedi ymgeisio am swyddi yn Llundain. Yn 1929 yr oedd gwaith yn brin iawn, a Llundain oedd yr Awdurdod cyntaf i ymweld â Bangor. Cefais gyfweliad rhyfedd. 'Ydach chi'n meddwl y gallwch chi argyhoeddi dynion llaeth Llundain i bleidleisio dros hunanlywodraeth i Gymru?' oedd y cwestiwn cyntaf. 'Mi wnaf fy ngorau!' meddwn i yn llawn hyder. Cefais gwestiwn annheg iawn yn ddiweddarach.

Yn 1925 y digwyddodd y trychineb yn Nolgarrog pan dorrodd yr argae yn Llyn Eigiau. 'Roedd hi bellach yn 1929, a'r bwlch yn parhau heb ei drwsio. Gofynnwyd imi pam na chaewyd y bwlch yn argae Eigiau, Dolgarrog? Fel y digwyddai, yr oedd Nesta, fy chwaer, yn dysgu yn Ysgol Dolgarrog adeg y trychineb. Am chwech o'r gloch y noson honno 'roedd hi'n gofalu am blant yr Urdd yn yr ysgol ac ymhen teirawr wedyn 'roedd yr ysgol yn nofio fel corcyn ar wyneb y dŵr. Collwyd deunaw o fywydau a byddai rhagor wedi marw oni bai ei bod hi'n noson y pictiwrs a'r sinema heb fod yn llwybr y lli.

Trwy gyfaill i Nesta, peiriannydd a ddaeth wedyn yn ŵr iddi, cefais wybod nad oedd bwriad i gau'r bwlch ac mai'r hyn a wneid fyddai agor ffosydd i ddargyfeirio'r dŵr i Lyn Cowlyd. Yn sgil y berthynas yr oeddwn mewn sefyllfa i roi ateb arbennig o dda i ddynion Llundain. Cynigiwyd swydd i mi ac i ffwrdd â mi i'r post i anfon teligram i 'nhad. Ymlaen wedyn i Gaernarfon i ddweud wrth Nesta a oedd yn ei gwely yn cysgu ar ôl bod ar ei thraed trwy'r nos yn cyfeirio amlenni.

Yr oedd y noson cyn yr etholiad yn un gyffrous. Penderfynodd Gwilym R. a Dafydd Edmwnd y dylid canolbwyntio ar Dal-y-sarn a Phen-y-groes gan fod cryn dipyn o ddiddordeb yn y fan honno. Erbyn i mi gyrraedd buasai Gwilym R ar ben rhyw focs ers meitin. 'Neidia di i ben y bocs 'ma rŵan,' meddai, yn falch o weld rhywun wedi cyrraedd. Dechreuais innau ar fy araith gan fawr obeithio y byddai rhai o'r siaradwyr hŷn yn cyrraedd yn weddol fuan. J. E. Daniel a Fred Jones a ddaeth i'm hachub, a gwnaeth Fred argraff arbennig ar ei gynulleidfa. Un smala, direidus ydoedd a thafodiaith ddigon o ryfeddod ganddo. Pwysigrwydd yr ergyd gyntaf oedd y neges y noson honno ac 'roedd gan Fred stori i'r dorf. Soniodd am ddau ddyn wedi bod yn cwffio a gorfod mynd o flaen eu gwell o ganlyniad. 'Dwedwch, yn eich geiriau eich hun beth ddigwyddodd,' meddai Cadeirydd y Fainc wrth y cyntaf. 'Fel hyn y buodd hi,' meddai hwnnw. 'Mi drawis i'r dyn y tro cyntaf yn ei drwyn ac mi drawis i o yr ail dro lle 'roedd ei drwyn o wedi bod!'

A hithau bellach yn nosi, cyrhaeddodd Lewis Valentine wedi cael croeso mawr mewn llawer lle, ond er mor hwyr ydoedd cafodd groeso twymgalon ym Mhen-y-groes hefyd.

Ym Mangor yr oeddwn i ddiwrnod y cyfrif, yn ôl yn y coleg. Ddiwedd y bore, daeth H.R. i'm gweld. 'Sut mae'n mynd H.R.?' gofynnais. 'Iawn,' meddai yntau. 'Faint ydach chi'n feddwl gawn ni?' 'O leiaf bum mil,' atebodd. 'Ydach chi'n meddwl?' 'Ydw.' Yn anffodus, nid oedd unrhyw sail i'r optimistiaeth ar wahân i'r ffaith fod y Blaid, yn ystadegol, yn sicr o gael cefnogaeth rhwng naw a naw mil o'r etholwyr! Un felly oedd H.R. Meddylier amdano yn ysgrifennu at Saunders Lewis yn Nhachwedd 1928, chwe mis cyn yr etholiad ac yn dweud, 'Credaf fy mod wedi cyfnewid pethau yn llwyr yn Sir Gaernarfon yn ystod y pythefnos diwethaf.'

Major Goronwy Owen a enillodd y sedd y diwrnod

hwnnw. Chwe chant a naw o bleidleisiau a gafodd y Blaid, ac yn ystod y pedair blynedd a thrigain diwethaf clywais beth wmbredd o bobl yn dweud eu bod yn 'un o'r chwe chant a naw' hynny. Pe baent i gyd yn dweud y gwir byddai Valentine wedi ennill sedd Caernarfon yn 1929! Serch hynny, testun gobaith oedd y 609. Wrth ddiolch i'w gefnogwyr y tu allan i'r Guild Hall yng Nghaernarfon dywedodd Valentine: 'Y mae amser a thragwyddoldeb o'n plaid.'

Ac ysgrifennodd H.R. yn y *Ddraig Goch* 'mae'n werth byw yng Nghymru heddiw, ond yn werth mwy bod yn fyw i Gymru. Chwe chant a naw yn mynwesu'r ffydd genedlaethol yn Sir Gaernarfon, chwe chant a naw wedi codi baner Cymru unwaith eto ar lechweddau yr hen fröydd annwyl! Chwe chant a naw o filwyr Arthur yn seinio utgorn y dadeni! Chwe chant a naw yn cyfeirio golygon Cymru tua'r wawr! Nid du bellach y gorwel. Nid ofnwn mwy y nos. Daeth gwawr trwy ymdrech fawr Sir Gaernarfon. Bellach fe gerdd Cymru rhagddi i dir ei haddewid, a daw Arthur ei hun, wedi dadebru o'i hirgwsg wrth droed yr Elidir i arwain ei bobl i dir rhyddid.'

Bu farw H.R. ym mis Mehefin y flwyddyn ddilynol wedi rhoi'r cyfan i'w wlad.

Cafwyd trefnydd newydd, sef J. E. Jones, dyn arall a Chymru yn ei galon, ond ei fod ef, fodd bynnag, yn ddyn ymarferol hefyd. Gyda chymorth teipiadur yn ei swyddfa rhoddodd drefn ar y Blaid. Sicrhaodd fod cyfarfodydd yn cael eu trefnu'n iawn a bod cynulleidfaoedd ar gael. Yr unig broblem oedd fod rhai siaradwyr o bryd i'w gilydd yn anghofio eu cyhoeddiad, er mawr ofid i J.E. Rhoddwyd trefn hefyd ar ddosbarthu'r *Ddraig Goch* a threfnwyd bod grwpiau o bobl ieuanc yn mynd o gwmpas ar foreau Sadwrn i'w gwerthu.

Wrth i'r gwaith gweinyddol gynyddu, bu'n rhaid chwilio am gymorth yn y swyddfa a phenodwyd Miss Priscie Roberts, Deiniolen yn ysgrifenyddes gyntaf y Blaid.

Dyna ni felly yn barod i wynebu'r etholiad nesaf yn 1931 ac yn gobeithio gweld cynnydd sylweddol yn y bleidlais. Yr oeddem bellach wedi newid un o'r polisïau a achosodd broblemau inni yn 1929, sef na fyddem, ped etholid Valentine, yn ei anfon i'r senedd. Dilyn y Gwyddelod oedd y nod, ond yr oedd Lloyd George wedi cael modd i fyw oherwydd y polisi hwnnw. Arferai ein cymryd yn ysgafn a'n gwawdio trwy ddisgrifio'n ddramatig iawn Lefarydd y Tŷ yn gofyn, 'Ble mae Mr Valentine?'

Ond, er gwaetha'r gwaith caled, ni welwyd y cynnydd a ddisgwyliem.

Y Ddinas Fawr

Diwedd haf 1929 cychwynnais ar fy nhaith o Lanrug i Lundain ar y trên yng nghwmni Wil Vaughan a John Gwilym Jones. Hwn oedd y tro cyntaf erioed i mi fynd i Lundain ond yr oedd John Gwilym eisoes wedi treulio tair blynedd yn y ddinas fawr ac wedi trefnu llety i mi yn yr un tŷ ag yntau — 56 Camden Square, NW12 — gyda dwy chwaer, Mrs James a Miss Jones. Cymry oedd y lletywyr i gyd, saith ohonom, chwech o ddynion ac un ferch.

Yr oeddwn yn lled-gyfarwydd â John Gwilym yn y coleg yn ystod fy mlwyddyn gyntaf yno, ond gan fod John yn un swil a minnau yn newydd-ddyfodiad nid oeddem wedi dod i adnabod ein gilydd yn dda iawn. Ond pan gyrhaeddais Lundain penderfynodd ofalu amdanaf, chwarae teg iddo. Yn ei gwmni cefais gyfle i fynychu'r theatrau ac i gymryd rhan mewn gwahanol fudiadau, fel Cymdeithas Cymry Llundain, ac wrth gwrs, Capel Charring Cross.

Daeth y capel yn ganolbwynt ein bywyd Cymraeg; ysgol Sul yn y pnawn a phregeth am chwech o'r gloch. Rhaid oedd mynd i'r capel ryw hanner awr cyn amser dechrau'r gwasanaeth i wneud yn siŵr o le i eistedd. Pe na baem yno mewn da bryd byddai'n rhaid mynd i'r festri i wrando ond heb weld y pregethwr na'r gynulleidfa. Ar ôl y bregeth aem am swper i un o'r caffis ac yna yn dyrfa i Hyde Park i wrando ar y canu.

Caem hwyl fawr ar ddadlau yn yr ysgol Sul; dosbarth o tua phymtheg o ddynion ifanc, a'r athro oedd Vincent Lloyd Jones, bargyfreithiwr ifanc (brawd Martyn Lloyd Jones). Ceid daliadau amrywiol ac eithafol: ambell un bron â bod yn anffyddiwr, ac yn y pegwn arall, ambell efengylwr rhonc. Cynhelid y dosbarth ar ei ben ei hun mewn ystafell fechan ac weithiau byddai'r dadlau mor frwd fel na chlywid y gloch yn galw'r ysgol ynghyd i'r festri fawr. Yna deuai'r arolygyddes, Mrs Peter Hughes Griffith, gwraig y gweinidog, i'n cyrchu a'n ceryddu.

Ymhlith aelodau'r dosbarth yr oedd dynion o wahanol alwedigaethau: athrawon, masnachwyr, cyfreithwyr, gweision sifil ac un plismon. Rhaid sôn amdano fo. 'Roedd cyfaill i mi wedi bod yn Llundain yn gwneud gwaith ymchwil yn un o lyfrgelloedd y ddinas a chyn troi'n ôl am Gymru mynegodd ei awydd i grwydro strydoedd cefn Soho gan na welsai ddim oll o fywyd nos y ddinas. Am hanner nos, ar ôl cael swper yn y Lyons Corner House, Oxford Street, dyma'i chychwyn hi am Soho. Wedi cerdded o gwmpas am tua chwarter awr a gweld dim byd o bwys dyma benderfynu gofyn i blismon am gyfarwyddyd! Euthum at y plismon cyntaf a welais a dweud fy neges wrtho. 'Be ydach chi'n da yn y fan yma?' meddai yntau. 'Ydach chi ddim yn fy nabod i?' Tynnodd ei helmed ac fe sylweddolais mai un o aelodau'r dosbarth ysgol Sul oedd o!

Ar nos Wener yn ystod misoedd y gaeaf cyfarfyddai'r Gymdeithas Lenyddol ac fel rheol fe fyddai John Gwilym, J. E. Jones, Wil Vaughan a minnau'n cyfarfod Vyrnwy Lewis, bargyfreithiwr ifanc, yn ystod yr wythnos ac yn paratoi ar gyfer y gwahanol bynciau a drafodid yn y

Gymdeithas. 'Roedd Vyrnwy yn chwilotwr tan gamp a llwyddai i sicrhau digon o ddeunydd ar gyfer y noson. At ei gilydd, 'roedd yr aelodau hŷn yn barod iawn i wrando ar syniadau beiddgar y dynion ifanc, ond nid felly pan ddadleuid ar bynciau crefyddol. Ofnaf i ni dramgwyddo ambell un. Cofiaf i un o'r blaenoriaid ddwedud wrthyf iddo wylo o'm plegid ac y byddai yn gweddïo yn wastad am i mi ac eraill weld y goleuni. Amheuwyr oeddem, nid anghredinwyr.

Yn hogyn yn fy arddegau cynnar 'roeddwn yn ddilynwr selog o holl gyfarfodydd y capel, gan gynnwys y seiat, ac ar rai troeon mentrus byddwn yn adrodd pregeth a glywswn mewn cyfarfod pregethu. Nid rhyfedd i'm gweinidog, y Parchedig R. J. Jones, ddwedud ar goedd un nos Sul fy mod yn mynd i'r coleg i'm paratoi fy hun ar gyfer y Weinidogaeth. Serch hynny, pynciau gwyddonol a astudiais yn y coleg, ac fel yr heneiddiwn codai amheuon am yr hyn a gredwn yn ddigwestiwn gynt.

Sut bynnag, sôn am Lundain yr oeddwn. Fy mhrif reswm dros fynd yno oedd ennill bywoliaeth trwy ddysgu plant. Cofiaf yn dda y bore cyntaf: chwilio am ysgol yn Sewardstone Road, Bethnal Green a chyrraedd adeilad tri-llawr, diaddurn; cerdded i fyny'r grisiau i'r trydydd llawr, lle'r oedd y plant hynaf; edrych allan drwy'r ffenest a gweld dim ond toeau tai am filltiroedd, a hiraeth mawr yn gafael ynof; awydd troi cefn ar y lle y funud honno.

Yr oedd tua phymtheg ar hugain o blant yn y dosbarth, a'r rheiny'n rhai pur hoffus ond rhai anodd eu deall yn siarad ar y dechrau. Wrth gwrs, caent hwythau drafferth i'm deall innau. Treuliais saith wythnos fendithiol yn yr ysgol honno a chefais gyfle i brofi effeithiolrwydd Cyngor

Sir Llundain (LCC) fel awdurdod addysg blaengar: llawnder o lyfrau ac offer at wasanaeth yr athrawon a chyfle i athrawon ieuanc gael hyfforddiant gyda'r nos ym Mhrifysgol Llundain a chanolfannau addysgol eraill. Cyhoeddid llyfryn yn rhoi manylion llawn am y cyrsiau a oedd ar gael ac am y grantiau a gynigid. Cofrestrodd John Gwilym, Wil Vaughan a minnau ar gwrs diploma mewn Daearyddiaeth ym Mhrifysgol Llundain; talu pum swllt ar hugain am y cwrs a hwnnw yn costio pum punt ar hugain! 'Roedd Cyngor Sir Llundain yn talu'r gweddill.

Trefn y Cyngor oedd symud newydd-ddyfodiaid i wahanol ysgolion ac fe'm symudwyd innau i ddwy ysgol arall cyn y Nadolig. Yn Bow a Bromley yr oedd yr ysgolion hynny, a'r plant yn y ddwy ysgol yn fwy anhydrin na rhai Bethnal Green. 'Roedd llawer o'r tadau yn ddi-waith a phan fyddai tîm yr ysgol yn chwarae pêl-droed yn erbyn un o'r ysgolion cyfagos deuent yn llu i weld y gêm. Er eu bod yn ddi-waith byddai'r tadau yn betio ar ganlyniad yr ornest, a gwae'r reffari a wnâi gam ag un o'r timau. Cofiaf un amgylchiad yn dda iawn. 'Roedd y reffari wedi gwneud camgymeriad a achosodd i dîm High St Bow, lle'r oeddwn i ar y pryd, golli. Dyma'r rhieni yn bwrw eu cynddaredd ar y creadur a'r canlyniad fu gorfod galw am blismon i'w hebrwng i ddiogelwch yr ysgol. Cyn y gêm yr oeddwn i wedi cynnig bod yn reffari, ond 'roedd y prifathro profiadol wedi gwrthod fy nghynnig, wrth lwc!

Disgwylid i athrawon newydd chwilio am le sefydlog yn ystod eu tri mis cyntaf yn Llundain. Nid oeddwn i wedi gwneud hynny a chefais fy rhoi ar y carped. Gofynnodd y swyddog paham ac atebais innau'n sarrug nad oeddwn am ymsefydlu yn yr East End. Ei ateb oedd, *'Young, inexperienced teachers cannot pick and choose!'* Ond llwyddais i gael lle yn Oldfield Road Senior Mixed School yn Stoke Newington; ysgol dda a'r plant, yn ôl pob golwg, yn cael cefnogaeth eu rhieni, yn enwedig felly y garfan gref o Iddewon a fynychai'r ysgol.

Yn ystod fy wythnosau cyntaf yno fe'm rhoed am hanner awr cyntaf y dydd i edrych ar ôl tua thrigain o Iddewon tra oedd gweddill yr ysgol mewn gwasanaeth crefyddol. Ni fu raid i mi ddweud gair bron gan fod un ai'r Rabbi neu eu rhieni wedi paratoi gwaith ar eu cyfer. Yn wir, 'roedd y rhieni yn awyddus i gysylltu â'r athrawon, ac fe'm rhybuddiwyd gan un o'r athrawon hŷn i osgoi cyfathrachu â rhieni plagus ar fy ffordd i'r ysgol. Yr oedd llawer o fanteision yn yr ysgol hon: digon o le i wahanol weithgareddau a chae chwarae hwylus yn ymyl — Clissold Park. Yno yr aem â'r plant i chwarae criced yn yr haf.

O sôn am griced, rhaid dweud fy mod yn ymwelydd cyson â Lord's neu yr Oval. Gwelais Don Bradman ar ei ymweliad cyntaf â Lord's a hefyd ar ei ymweliad olaf mewn gêm brawf, yn yr Oval, ymhen blynyddoedd. Yr oedd tyrfa fawr ddisgwylgar yno ond siom a gawsant gan i'r arwr gael ei fowlio allan am '0'.

Yn Llundain y gwelais yr unig ornest baffio i mi ei gwylio erioed. Un tro, mewn ffenest siop deiliwr yn Camden Town 'roedd dillad Carnerra, y bocsiwr, yn cael eu harddangos. Ef oedd un o'r dynion mwyaf corffol a droediai'r ddaear yr adeg honno ac 'roedd gweld ei ddillad, heb sôn am weld y dyn ei hunan, yn ddigon i ddychryn y dewraf o blant dynion. 'Roedd gornest rhyngddo ef ac Almaenwr o'r enw Diener wedi'i threfnu yn yr Albert Hall ac er nad oedd gennyf unrhyw ddiddordeb mewn bocsio fe'm perswadiwyd i fynd yno yng nghwmni Griffith Thomas Jones, gŵr o'r Groeslon a oedd yn cyd-letya â mi ac yn gweithio yn adran y ffwr yn Selfridges. Cawsom le ym mhen uchaf y neuadd; yn wir, prin y gallem fod ymhellach oddi wrth y sgwâr. Serch hynny, gallem glywed Carnerra'n bytheirio a thuchan dros y lle fel anifail rheibus. Trawyd Diener druan yn ddiymadferth yn y chweched rownd ac mae'n rhaid dweud mai dyna'r peth mwyaf bwystfilaidd a ffiaidd a welais erioed. Byth er y dydd hwnnw ni allaf oddef clywed trin a thrafod bocsio heb sôn am wylio'r fath ynfydrwydd. I'm tyb i, mae gweld dau ddyn a fendithiwyd â chyrff nobl yn ceisio niweidio'r naill a'r llall yn ddifyrrwch anwar a gwrthun.

Y mae sôn am Carnerra yn f'atgoffa o'r englyn hwnnw a ymddangosodd yng nghylchgrawn rag Coleg Bangor pan oeddwn yn fyfyriwr. R. E. Jones a Huw Llewelyn Williams oedd y golygyddion a thebyg mai un ohonynt hwy, neu'r ddau, oedd biau'r englyn. Dyma fo:

> Cawr yn awr yw Carnerra, — ow'r adfyd,
>   Saith troedfedd o daldra.
> Fe hitith hwn mi fetia
> Eli-ffant yn fil o ffa.

Yn ystod misoedd y gaeaf byddwn yn dilyn hynt a helynt tîm pêl-droed yr Arsenal yn Highbury, gydag enwogion fel David Jack, Bastin, James a'r ddau Gymro, Roberts a Lewis, yn chwarae iddynt. Gan fod y clwb wedi talu symiau mawr o arian am yr enwogion disgwyliai'r Cockneys bethau mawr oddi wrthynt a phan na cheid perfformiad da gwaeddai rhai o'r dyrfa, *'Wake up, the Bank of England!'*

Un rheswm dros fynd i Highbury oedd agosrwydd y cae at fy llety newydd. 'Roedd John Gwilym wedi gadael Llundain am Landudno a minnau wedi mynd i letya gyda Wil Vaughan a J.E. yn Finsbury Park — taith geiniog ar y bws i'r ysgol ac i Highbury: hwylus dros ben. Yn ystod ei wythnosau cyntaf yn Llandudno 'roedd hiraeth am Lundain bron â llethu John Gwilym. Yn ei lythyr cyntaf ataf soniai ei fod mor unig fel y'i temtiwyd i fynd ar y pier yn Llandudno a'i fwrw'i hun i'r môr. Wrth lwc, ni ddigwyddodd hynny ac arhosodd yno am dair blynedd ar ddeg. Gadawodd Wil Vaughan Lundain yn y gwanwyn, a'r diwrnod yr ymadawodd fe anfonais innau gais am le fel athro Gwyddoniaeth yn Ysgol y Cefnfaes, Bethesda. Wedi hir aros clywais fy mod wedi fy mhenodi, ac felly ganol haf daeth blwyddyn lawn a diddorol yn Llundain i ben.

Bethesda (1930-35)

Cefnais ar Lundain ganol haf 1930 a throi fy nghamre tua Bethesda i fod yn athro Mathemateg a Gwyddoniaeth yn Ysgol y Cefnfaes, sef Ysgol Fodern neu Ysgol Ganol, fel y gelwid yr ysgolion lle'r arhosai'r plant na chafodd fynediad i'r Ysgolion Gramadeg. Yr oedd J. J. Williams, y prifathro, newydd gael ei ddewis yn arolygydd ysgolion gan Awdurdod Penbedw ac R. E. Hughes, y prifathro newydd, heb ddechrau ar ei ddyletswyddau. Yr oedd Ysgol y Cefnfaes yn ysgol ddiddorol; y prifathro yn ymddiddori'n fawr yn y celfyddydau ac yn rhoi sylw arbennig i gerddoriaeth ac arlunio. Daeth côr plant y Cefnfaes yn enwog trwy gyflwyno Cerddi Huw Puw o waith yr Athro J. Glyn Davies. Cyflwynai'r Athro ei ganeuon i'w harbrofi gan gôr plant y Cefnfaes a pharhaodd i wneud hynny ar ôl ymadawiad J. J. Williams, ond cafodd dipyn o sioc pan welodd fod R. E. Hughes wedi cywiro Cymraeg y cerddi. Er ei fod yn Athro Cymraeg yr oedd gan J. Glyn Davies ei ffordd ei hun o sillafu! Sut bynnag, rhaid fu i'r côr ganu fersiwn yr Athro.

Yr oeddwn yn rhyfeddol o anhapus a siomedig yr wythnos gyntaf, ac ar y dydd Sadwrn, euthum i chwilio am gopi o'r *Times Educational Supplement* i edrych a oedd swydd ar gael yn rhywle arall! Un rheswm am y siomedigaeth oedd safon y gwaith yr anelid ato. Nid oedd Mathemateg yn ddim namyn syms a ddysgid yn yr ysgolion elfennol. 'Roedd y darpar-Fathemategwyr wedi mynd i'r Ysgol Ramadeg. Deilliai cryn anhapusrwydd hefyd o'r ffaith fy mod mewn llety ar fy mhen fy hun a minnau wedi arfer cyd-fyw gyda chwmpeini gartref, yn y coleg ac yn Llundain. Yn Llundain 'roedd chwech ohonom oddeutu'r bwrdd bwyd ond ym Methesda teimlwn fel pe bawn mewn carchar wrth fy nghael fy hun yn unig mewn ystafell a gwraig y tŷ wedi cau'r drws ar ôl rhoi'r bwyd ar y bwrdd. Meddyliais y cawn gwmni pe cyfeiriwn fy nghamre tua'r coleg ym Mangor ond siomiant a gefais yn y fan honno wedyn: fy mhartneriaid wedi ymadael, a minnau'n ddyn dieithr bellach.

O dipyn i beth daeth pethau'n well. Deuthum i adnabod yr athrawon, yn enwedig dau ohonynt. Y naill oedd Gwilym Evans, dyn o'r Bala, a dreuliodd ei oes yn Ysgol y Cefnfaes. 'Roedd yn gyfaill agos i R. Williams Parry a bu'n gymorth hawdd ei gael i mi am flynyddoedd. Y llall oedd Eluned Jones o'r Waunfawr a ddaeth yn wraig i mi ymhen blynyddoedd wedyn.

Aelod arall y gwelwn lawer arno gan ei fod ef yn yr ystafell grefft a minnau drws nesaf yn y labordy oedd gŵr o'r enw Richard Hughes, brodor o Fethesda; un medrus iawn mewn gwaith coed a metel, a gŵr diddorol dros ben. Gwisgai het am ei ben yn yr ystafell grefft a deuai â chi o'r enw Mot gydag ef i'r ysgol bob dydd. Pan ofynnodd Arolygwr Ysgolion iddo, 'What's this dog doing here?' yr ateb a gafodd oedd 'Completing its education!'

Dechreuais grwydro'r mynyddoedd o gwmpas gyda Gwilym Evans ac weithiau gydag Eluned; crwydro nid dringo, ond tybiaf y caem gymaint o wefr o gyrraedd copa un o'r mynyddoedd ag a gaiff dringwr gyda rhaff o gyrraedd pen rhyw dalcen serth. Ni wn am amgenach pleser na chrwydro o drum i drum a chyrraedd i lawr gyda'r nos wedi blino'n lân. Yn ystod fy nghyfnod ym Methesda bûm ar gopa bron pob un o fynyddoedd Eryri, ond rhywsut neu'i gilydd, ni chyrhaeddais gopa Tryfan, y mwyaf rhamantus ohonynt oll.

Ambell gyda'r nos braf yn yr haf cychwynnai R. Williams Parry gyda Gwilym a minnau ond yn aml iawn nid âi ymhellach na godre'r mynyddoedd. Os oedd peryg' iddo wlychu ei draed dywedai, 'Rydw i am droi'n ôl rŵan, neu os gwlychaf fy nhraed mi gaf annwyd a 'does wybod beth all ddigwydd wedyn!'

Mae sôn am R. Williams Parry yn fy atgoffa am deithiau i Gaerdydd i weld gemau rygbi rhyngwladol. Byddai Gwilym Evans a minnau'n mynd gydag ef ac 'roeddem wedi rhoi enwau chwaraewyr arnom ein hunain, yn union fel plant! 'Roedd Williams Parry yn ei alw'i hun yn Bowdler, blaenwr cyhyrog, cwbl wahanol i'r bardd. Dickie Owen oedd Gwilym, a Wilfred Wooller oeddwn innau, nid fy mod yn or-hoff o'r enw. Y gêm bwysicaf a welsom oedd honno yn erbyn y Crysau Duon yn 1935. Byddai'r bardd yn sôn llawer am y daith ymlaen llaw, cynllunio'n ofalus pa ffyrdd i fynd, pa le i oedi ar y ffordd a sôn am hyfrydwch aros mewn gwesty moethus yng Nghaerdydd. Teithiai bob amser trwy Amwythig gan haeru fod gwell siawns cael help llaw pe digwyddai rhyw anffawd i'r car na phe teithiem trwy ganol Cymru! Gwelai fwganod o hirbell.

Cychwynasom o Fethesda ar ôl i'r ysgol gau ar brynhawn Gwener; taith flinderus gan fod niwl gweddol drwchus a hwnnw'n rhewi ar y gwydr. Bu bron i'r gyrrwr o fardd roi'r ffidil yn y to ond cyrraedd Henffordd a wnaed ac aros yno dros nos. Aethom i sgwrsio a mwynhau deigryn bach yn y lolfa lle'r oedd nifer o westeion eraill yn eistedd. Ymhen tipyn cododd Williams Parry ar ei draed a dweud wrth Gwilym a minnau, 'Ar ôl imi fynd allan dwedwch wrthyn nhw mai Bowdler ydw i!'

Rhaid oedd cychwyn yn weddol fore dydd Sadwrn. Bore heulog braf ond 'roedd hi wedi rhewi'n galed yn ystod y nos. Ymhen ychydig filltiroedd cododd cwmwl o stêm o drwyn y car, er mawr ddychryn i'r gyrrwr, a'i adwaith cyntaf oedd gadael y car a chyfeirio tua'r orsaf drên agosaf! Heb dynnu'r gorchudd dros y 'radiator' 'roedd o, a bu'n rhaid aros i'r peiriant oeri. Cyrhaeddwyd Caerdydd yn ddiogel mewn llawn bryd i Gwilym a minnau fynd i Barc yr Arfau i sefyll gyda'r dyrfa ac i R.Williams Parry gyfarfod yr Athro Griffith John Williams a mynd i'r stand i eistedd. Chweugain oedd pris tocyn stand yr adeg honno.

Cawsom gêm ardderchog a Chymru yn ennill o 13 pwynt i 12 ar y funud olaf. Yr oedd yna hen ddathlu ac yn y miri fe daflwyd het Gwilym Evans i'r awyr a gadael ei ben moel ar drugaredd y gwynt oer. Yr oeddym i gyfarfod y lleill yn y Park Hotel a phan gyraeddasom yno dyma Griffith John Williams yn gofyn, 'Ble mae Bob?' 'Hefo chi,' meddwn innau. 'Nac ydi,' atebodd. 'Daeth i'r stand, eisteddodd yno am ychydig ond 'roedd o'n teimlo'r lle yn pwyso arno, ac i ffwrdd ag o.' Collodd weld un o gemau mawr y ganrif!

Ar ôl y gêm 'roedd yn darlledu o stiwdio'r BBC ar Saunders Lewis fel beirniad llenyddol. Cofiaf un frawddeg arwyddocaol: 'Yna daeth Saunders Lewis', gan awgrymu bod beirniadaeth lenyddol wedi newid o'r dydd hwnnw ymlaen.

Erbyn gyda'r nos 'roedd y prifardd wedi ymlacio a chawsom amser pleserus yn y Park Hotel, lle 'roedd chwaraewyr Cymru wedi ymgynnull.

Byddwn wrth fy modd yng nghwmni Williams Parry. 'Roedd yn llawn hiwmor a rhyw ddireidi hogynnaidd. Y tu allan i'm hystafell ddosbarth i yn y Cefnfaes 'roedd *ventilator* ar y wal a phan ddeuai'r bardd i'r ysgol ar ei dro siaradai trwy'r *ventilator* gan wneud y sŵn mwyaf ofnadwy yn yr ystafell a dychryn pawb. Cyn sylweddoli beth oedd yn digwydd byddwn yn rhuthro allan a dyna lle byddai yntau yn chwerthin yn braf.

Ceir hanes amdano yn mynd i'r post ym Methesda a gofyn i'r postfeistr,

'Ydach chi'n gwerthu stamps yma?'

'Wel ydan wrth gwrs.'

'Oes gynnoch chi rai dwy geiniog?'

'Oes.'

'Ga' i 'u gweld nhw os gwelwch yn dda?'

Estynnodd y dyn dudalen cyfan iddo. Pwyntiodd Williams Parry at stamp yng nghanol y tudalen a dweud, 'Mi gymera' i hwnna!'

Gan mai ef oedd Cadeirydd cyntaf y Blaid Genedlaethol yn Sir Gaernarfon tybiais mai da o beth fuasai ei gael yn Gadeirydd Cangen y Blaid ym Methesda pan ffurfiwyd hi. Yn y cyfarfod cyntaf dywedodd ei fod am gymryd swydd yr Ysgrifennydd, ac 'roedd hynny'n dipyn o syndod i'r aelodau gan ei fod yr olaf i lenwi'r fath swydd. Aethpwyd ymlaen i lenwi'r swyddi eraill ac wedi cwblhau hynny chwarddodd yn braf wrth estyn y papurau i mi a dweud, 'Chi fydd yr ysgrifennydd.'

Llwyddodd i osgoi pob swydd ond er na fynnai swydd

cefnogai weithrediadau'r Blaid yn selog a chyfrannai at y cyllid yn wythnosol. Sonnir amdano fel gŵr cwbl anymarferol ond y gwir yw ei fod yn ymarferol iawn ynglŷn â rhai pethau; er enghraifft, awgrymodd y dylwn i ac eraill fynd yn wythnosol o dŷ i dŷ at nifer arbennig o bobl er mwyn codi arian i gynnal y gangen. 'Dowch chi acw un waith yr wythnos,' meddai, 'ac mi gewch bres at y Blaid.' 'Rhowch ddigon am fis i mi,' meddwn innau, ond 'wnâi hynny mo'r tro. Ei ddadl oedd: 'Os dowch chi yma mi ewch i leoedd eraill hefyd mae'n siŵr, ond os na ddowch chi ond unwaith y mis, yna unwaith y mis yr ewch chi i leoedd eraill hefyd.' Gwir y gair, a chasglwyd cronfa leol gref.

Talcen caled oedd gweithio dros y Blaid ym Methesda y blynyddoedd hynny. 'Roedd y Blaid Lafur yn elyniaethus iawn, yn wir yn ffyrnig felly. Cofiaf rannu taflenni ar Bont y Tŵr pan ddeuai'r chwarelwyr adref o'u gwaith ac un tro gwrthododd pob un o'r dynion dderbyn taflen. Cynhelid cyfarfodydd o gangen y Blaid Genedlaethol mewn ysgoldy yn perthyn i Jerusalem, capel y Methodistiaid Calfinaidd, ond cyn bo hir darganfu un o'r blaenoriaid, Llafurwr selog, fod cymal yn y gweithredoedd yn gwahardd defnyddio'r ysgoldy i gynnal cyfarfodydd gwleidyddol a bu'n rhaid symud i adeilad arall. Erbyn hyn mae'r Blaid yn cael cefnogaeth gref yn y pentref, diolch yn bennaf i'r Cynghorydd Dafydd Orwig.

Os siomedig a digalon oedd yr wythnosau cyntaf ym Methesda, gwellhaodd yr awyrgylch yn sylweddol wrth i mi ymwneud â gwahanol fudiadau. Mwynheais dymor o ddarlithiau ar Hanes Cymru gan Dr R. T. Jenkins a thymor difyr yn nosbarthiadau Dr R. Alun Roberts.

Ymunais â Chlwb Criced Glanogwen a mynych yr ymweliadau â'r 'Caffi', chwedl pobl Bethesda, i chwarae snwcer. 'Roedd fy nghyfaill Gwilym Evans yn bencampwr ar y gêm. Difyr hefyd oedd galw yn nhai fy nghyfeillion. Byddai croeso cynnes yn nhŷ J. O. Williams a chefais y fraint o'i glywed yn darllen am Wil Cwac Cwac a Siôn Blewyn Coch ymhell cyn i *Lyfr Mawr y Plant* gael ei gyhoeddi. 'Roedd J.O., fel y'i gelwid gan lawer, yn gwmnïwr difyr.

Mae un stori smala amdano pan oedd yn gweithio i Gwmni Pŵer Gogledd Cymru. Ambell dro byddai'n mynd i Ben Llŷn ynglŷn â'i waith ac arferai fynd â chafn gydag o yng nghist y car. Pan welai dail ceffyl ar y lôn fe'i codai gyda rhaw fechan a'i roi yn y cafn. Un diwrnod daeth dyn ato a gofyn, 'Ga' i'ch enw a'ch cyfeiriad chi os gwelwch yn dda?' 'Cewch,' meddai J.O., 'ond i be'?' 'Wel, er mwyn imi gael anfon teligram ichi pan fydd llwyth arall ar y ffordd!'

Ganol haf 1934 daeth profedigaeth chwerw i'm rhan: bu farw fy nhad ar ôl dioddef oddi wrth lwch y llechi am flynyddoedd. Gan i mi golli fy mam yn ddeunaw oed 'roedd y berthynas rhyngof a'm tad wedi bod yn un glós iawn; yn wir, 'roeddem yn debycach i ddau frawd nag i dad a mab. Canlyniad y brofedigaeth oedd fy anesmwytho a pheri imi ymgeisio am le yn Ysgol Fodern Trinity Avenue, Llandudno a dechrau ar fy nyletswyddau yno ar y cyntaf o Fawrth, 1935.

Llandudno (1935-43)

Er bod Llandudno a Bethesda yn yr un sir yr oedd gwahaniaethau amlwg rhyngddynt. 'Roedd Dyffryn Ogwen yn gwbl Gymraeg ac yn Ysgol y Cefnfaes siaradai pob plentyn ac athro Gymraeg. Ond yn Llandudno deuai'r mwyafrif llethol o'r plant o gartrefi di-Gymraeg ac yn wir, 'roedd Cymraeg y rhai a ddeuai o gartrefi Cymraeg yn ddigon carbwl. Y tu allan i'r ysgol yr oedd gwrthwynebiad i Gymreictod, hyd yn oed ymhlith amryw o'r Cymry eu hunain.

Beth felly a'm denai yno heblaw safle daearyddol ffafriol? Yno yr oedd y Parchedig Lewis Valentine yn weinidog ar Eglwys y Tabernacl; yno yr oedd John Gwilym Jones yn athro yn yr Ysgol Ganol lle'r oedd Ffowc Williams yn brifathro, ac yno hefyd yr oedd Elwyn Roberts yn ail i'r pennaeth ym Manc y Midland, Craig-y-don. Bu Elwyn yn y banc ym Methesda, yn fawr ei barch ac yn weithiwr dihafal ym mhob cylch. Yr un oedd ei hanes yn Llandudno: gweithiai'n ddiarbed ym mywyd Cymraeg y dref ac fel trysorydd cangen y Blaid Genedlaethol. Pan dorrodd y rhyfel allan cofrestrodd yn wrthwynebydd cydwybodol a dedfrydwyd ef i weithio ar y tir, sef dal llygod mawr yn nhueddau Corwen. Bu wedyn yn ysgrifennydd a threfnydd Eisteddfod Genedlaethol Cymru Bae Colwyn, 1947 a Llanrwst, 1951. Ymddeolodd o'r banc a bu mewn gwahanol swyddi gyda Phlaid Cymru gan orffen yn Drefnydd Cyffredinol. Un o ragorolion y ddaear oedd Elwyn.

Cefais lety hwylus a chyfforddus mewn man cyfleus, heb fod ymhell o'r ysgol. Yr oedd pob cysur i'w gael mewn llety yn Llandudno yn ystod misoedd y gaeaf, ond nid felly yn ystod misoedd yr haf pan lifai ymwelwyr o Swydd Gaerhirfryn a chanolbarth Lloegr yno. Yr adeg honno, rhaid oedd i'r lodjar parhaol fodloni ar gornel yn yr ystafell fwyta a dringo i'r groglofft i chwilio am wely! Cofiaf i mi ddychwelyd ar ôl gwyliau'r haf un flwyddyn a chanfod nad oedd lle yn y llety. Bûm yn crwydro strydoedd cyfagos i chwilio am le i roi fy mhen i lawr. Dyna paham, yn ddiweddarach, y teithiwn yn ôl ac ymlaen i Lanrhyd Isa yn ystod misoedd yr haf.

Yr oedd John Gwilym Jones wedi hen gynefino yn Llandudno ers pum mlynedd ac wedi ymaflyd yn y gwaith o gyfarwyddo'r Cwmni Drama Gymraeg yno. Cynhyrchodd o leiaf ddeg o berfformiadau, un ai yn y Pier Pavilion neu yn yr Arcadia. Ymhlith y cynyrchiadau hynny 'roedd dwy o'i ddramâu ef ei hun, 'Y Brodyr' a 'Diofal yw Dim'. Yr oedd hefyd wedi ymroi i lenydda ar gyfer yr Eisteddfod Genedlaethol a phenderfynodd gystadlu am y Fedal Ryddiaith ac ar y Ddrama Hir yn Eisteddfod Genedlaethol Dinbych, 1939. Cefais y pleser o'i glywed yn darllen y cyfansoddiadau hyn fesul pennod ac fesul act. Yn nechrau Gorffennaf 1939 galwodd Saunders Lewis yn fy nghartref yng Nglanrhyd Isa a chan mai ef oedd yn beirniadau'r ddrama hir y flwyddyn honno gofynnais iddo, 'Gawsoch chi ddramâu go dda i'w beirniadu?' 'Naddo,' meddai, ac ymlaen ag ef i ddweud yr hanes. Yr oedd wedi cael pecyn o Swyddfa'r Eisteddfod ac wedi sylwi fod y ddrama gyntaf yr ymaflodd ynddi yn cynnwys un ar ddeg o olygfeydd. Heb ei darllen rhoddodd hi o'r neilltu gan dybio na fyddai'r un cwmni yn ei pherfformio. Wedi darllen y dramâu eraill yn y gystadleuaeth a gweld nad oedd yr un ohonynt yn deilwng o'r wobr aeth yn ôl at y ddrama gyntaf a dyna pryd y sylweddolodd fod 'Diofal yw Dim' yn ddrama fawr. Dadlennodd dipyn ar y cynllun a'r hanes a sylwodd fy mod yn gwenu. 'Ydach chi'n gwybod rhywbeth amdani?' gofynnodd. 'Ydw,' meddwn innau. 'Pwy ydi'r awdur?' 'Cewch wybod,' meddwn, 'os caf ganiatâd i ddweud wrtho ei fod wedi ennill.' 'O'r gorau,' meddai Saunders, ac felly y bu. I ffwrdd â mi i dorri'r newydd i John Gwilym ac, yn ôl a ddeallais wedyn, cadwodd John y gyfrinach i'r diwedd.

Ni chefais y pleser o wrando ar feirniadaeth y ddrama na gweld cyflwyno'r Fedal Ryddiaith iddo gan fod Eluned a minnau yn priodi ddydd Sadwrn olaf yr Eisteddfod a rhaid oedd treulio'r wythnos yn paratoi. Priodwyd ni yng Nghapel Bethel, Waunfawr gan y Parchedig D. J. Lewis, gweinidog yr eglwys, yn cael ei gynorthwyo gan y Parchedig Lewis Valentine. Treuliasom ein mis mêl yn teithio yn yr Alban hyd at Inverness ac ar draws y wlad i'r gorllewin. Gwaetha'r modd, bu'n tywallt y glaw bron bob dydd ac anodd oedd crwydro i weld gogoniant y wlad, dim ond ymochel yn y car. Sut bynnag, gwnaethom adduned y byddem yn ymweld â'r Alban rywdro wedyn ac fe wireddwyd yr adduned.

Yn barod amdanom yn Llan-rhos, ger Llandudno, yr oedd ein cartref newydd, Coed y Waun, a enwyd gan R. Williams Parry. Treuliwyd yr wythnos gyntaf yn dotio at y lle ac yn paratoi'n frwdfrydig at y dyfodol: Eluned yn trefnu'r tŷ a minnau'n cyllunio gardd a oedd i fod yn batrwm i'r gymdogaeth! Ond, y bore Sul cyntaf yn ein cartref newydd clywsom lais oer Neville Chamberlain yn cyhoeddi rhyfel yn erbyn yr Almaen. *'We are at war with Germany'* oedd ei eiriau. Beth a ddigwyddai i ni? Yr oeddwn i yn erbyn rhyfel ac yn bwriadu cofrestru yn wrthwynebydd cydwybodol pe deuai gorfodaeth filwrol. Cofiai Eluned a minnau am y driniaeth ddieflig a gawsai gwrthwynebwyr cydwybodol yn ystod y Rhyfel Byd Cyntaf: erledigaeth gan y gymdeithas ac, yn achos rhai, carchar a thrais. Cafwyd cyfnod o boeni ac ansicrwydd ond ni fu raid i mi wynebu llys. Yn dair ar ddeg ar hugain oed yr oeddwn yn rhy hen i gael fy ngalw i'r fyddin ar y dechrau, ond fel y treiglai'r amser 'roedd yr oedran yn codi a chefais lythyr gan y Weinyddiaeth Ryfel yn fy hysbysu fy mod ar y *'list of reserved occupations until when and if required because of your Science qualifications.'* Yr hyn oedd yn rhyfedd oedd fod bechgyn o'r un oed â mi yn cael eu galw i'r fyddin os mai gradd yn y celfyddydau oedd ganddynt. Ni chawn i wneud unrhyw ddyletswyddau rhyfel ac eithrio gwylio rhag tân. Awn i'r ysgol ambell noson ac i Ysbyty Llandudno ar nosweithiau eraill.

Tra oeddwn i'n cael llonydd 'roedd rhai o'm cyfeillion yn cael eu galw gerbron y tribiwnlys milwrol i brofi eu dilysrwydd fel gwrthwynebwyr cydwybodol. Cofiaf fynd i dribiwnlys ym Mae Colwyn pryd yr oedd R. E. Jones ac Elwyn Roberts ger ei fron; dau heddychwr argyhoeddedig, ond cael eu rhoi ar y rhestr filwrol fu eu ffawd. Gofynnodd un aelod o'r panel i Elwyn, 'Fel Cymro ydach chi'n sefyll 'te?' a themtiwyd Elwyn i ateb, 'Nage, fel Tseinî!'

Cadeirydd y tribiwnlys y diwrnod hwnnw oedd y

Barnwr Samuel o Abertawe, ac er mawr anghysur i mi fe ddaeth i'n tŷ ni i de gan ei fod yn adnabod modryb i Eluned a oedd yn aros gyda ni ar y pryd. Ni soniwyd yr un gair am y tribiwnlys y prynhawn hwnnw. Bu'n rhaid i Elwyn ac R.E. fynd o flaen y Tribiwnlys Apêl yng Nghaerdydd a gadeiriwyd gan Syr Hopkin Morris. Rhyddhawyd R.E. ar yr amod ei fod yn canlyn ymlaen gyda'i waith fel athro ac Elwyn ar yr amod ei fod yn mynd i weithio ar y tir.

Y gaeaf cyntaf ar ôl Eisteddfod Genedlaethol Dinbych, penderfynodd John Gwilym Jones gynhyrchu ei ddrama 'Diofal yw Dim' gyda Chymdeithas Ddrama Gymraeg Llandudno yn y Pier Pavilion. Gwaetha'r modd, bu'n rhaid i un aelod o'r cwmni dynnu'n ôl ac fe'm darbwyllwyd i, yn groes i'm hewyllys, i gymryd rhan y prifathro yn y ddrama. Yn ôl y cynhyrchydd, yr oedd y dasg yn un syml: dim ond eistedd wrth y ddesg a darllen y llinellau o'm blaen. John Gwilym ei hun oedd y prif gymeriad, plentyn ysgol yn y chweched dosbarth, yn heddychwr ac yn genedlaetholwr ac yn gwrthryfela yn erbyn rhai o bolisïau'r ysgol. Dweud y drefn wrth y disgybl anhydrin oedd fy nyletswydd i, ond rywsut neu'i gilydd, neidiodd John Gwilym heibio un tudalen o'r sgript ac ni wyddwn innau beth i'w ddweud. (Haerai un aelod o'r cast fy mod wedi gofyn dan fy ngwynt, 'Be ddiawl ddeuda i rŵan?') Hyd heddiw gallaf gofio'r chwys yn powlio i lawr fy wyneb a thyngais lw yn y fan a'r lle na chymerwn byth ran mewn unrhyw ddrama ar ôl hynny. Cedwais fy ngair.

Yn y cyfamser 'roedd cyfnewidiadau yn digwydd yn Llandudno. Oherwydd y bomio, heidiai pobl o'r dinasoedd mawrion i chwilio am loches diogel yn y dref a'r cylch. Pobl fusnes gefnog oedd y rhai cyntaf, llawer ohonynt yn Iddewon. Cofiaf un yn curo ar ddrws ein cartref yn Llan-rhos a llyfr sieciau yn ei law yn mynnu prynu'r tŷ ac yn cynnig unrhyw bris a fynnwn. 'Roedd ei agwedd yn fy nghynddeiriogi a dywedais wrtho yn ddiflewyn-ar-dafod am ei g'leuo hi o'r golwg.

O dipyn i beth cyrhaeddodd *evacuees* swyddogol. 'Roedd dwy garfan ohonynt: plant o Lerpwl a'r cyffiniau oedd un, a'r llall oedd gweithwyr yr *Inland Revenue* a symudwyd o Lundain i swyddfeydd dros dro ym mhrif westyau'r dref. Un gwesty yn unig oedd heb ei feddiannu ar y Prom.

Yn ychwanegol at hyn, deuai teuluoedd a'u plant heb fod yn rhan o gynllun unrhyw awdurdod addysg. Yn yr Ysgol Ganol lle'r oeddwn i gwelid wynebau dieithr byth a beunydd; amrywiai'r nifer mewn dosbarth o wythnos i wythnos, a gallaf gofio cynifer â hanner cant o blant yn fy nosbarth. Sylw un Arolygwr pan alwodd yn fy ystafell ddosbarth oedd, 'Hwylus iawn i weithio canran y presenoldeb'. Pan dawelai'r bomio ar y trefi mawr byddai'r mamau a'r plant yn dychwelyd i'w cartrefi ond yn ôl y deuent eto pan ailddechreuai'r bomio. Cyfnod anodd oedd hwn yn yr ysgol.

Bu dyfodiad yr *Inland Revenue* yn fantais i Landudno. Gweision Sifil wedi dringo yn yr adran oedd y rhan fwyaf ohonynt, pobl ddysgedig a diwylliedig, a chyn pen dim yr oeddynt wedi gweddnewid bywyd diwylliannol a chymdeithasol Llandudno. Trodd y dref o fod yn un gysglyd ddiddiwylliant i fod yn dref fywiog a chryn dipyn o fynd ar bopeth. Ffurfiwyd Cymdeithas Gorawl, y côr cymysg yn perfformio o dan arweiniad Ffowc Williams.

Sefydlwyd Cymdeithas Lenyddol a Cherddorol a deuai perfformwyr enwog a darlithwyr adnabyddus i gyfarfodydd a gynhelid yn neuadd y dref. Gan fod theatrau Llundain wedi cau gwelwyd prif actorion Lloegr yn perfformio yn y Pier Pavilion. Bu Emlyn Williams a'i gwmni yno droeon. Arferai tad a mam Emlyn Williams aros yn y Belle View gyda Mr a Mrs Gwilym Tudno Williams.

'Roedd mynd mawr ar ddosbarthiadau nos a drefnid gan Bwyllgor Addysg Sir Gaernarfon, gan gynnwys dosbarthiadau dysgu Cymraeg. Cofiaf noson gofrestru ar gyfer y dosbarthiadau: Ffowc Williams a John Gwilym Jones wedi eu galw i ddysgu Cymraeg a minnau wedi cael gwŷs rhag ofn y deuai nifer fawr ynghyd. Daeth dros gant i gofrestru ar gyfer y dosbarth Cymraeg a bu'n rhaid i mi fwrw iddi i ddysgu Cymraeg fel ail iaith i oedolion am y tro cyntaf erioed. Pleser digymysg oedd bod gyda dosbarth mor ddeallus; gallent ddarllen ac ysgrifennu Cymraeg cyn pen dim a gallasai'r rhan fwyaf ohonynt fod wedi llwyddo mewn arholiadau ysgrifenedig, ond ychydig iawn o lwyddiant a gaed ar eu cael i siarad yr iaith. Daeth un aelod o'r dosbarth ataf un tro, bargyfreithiwr wrth ei alwedigaeth, a dweud ei fod yn dysgu Sbaeneg a Chymraeg gan dreulio awr cyn brecwast bob yn eilddydd ar y ddwy iaith. Dangosodd lyfr i mi, *Spanish Without Tears*, a meddwn innau, '*We must have a new book, Welsh Without Tears.*' '*Impossible!*' meddai, a gwên ar ei wyneb. Yr adeg honno nid oedd gennym na'r dulliau na'r offer sydd erbyn hyn yn dysgu pobl i *siarad* yr iaith.

Nid gweision sifil o'r *Inland Revenue* oedd yr unig rai i ymsefydlu yn Llandudno. Daeth hogiau a genethod ifainc rhwng pymtheg a deunaw oed i weithio yn y swyddfeydd tra'n aros galwad i'r lluoedd arfog. Cymry Cymraeg eu hiaith o Ddyffryn Conwy, Uwchaled a Hiraethog oedd y rhain. Ymunasant â'r Urdd a thyfodd Aelwyd gref er gwaetha'r ffaith ein bod yn cyfarfod mewn hen fecws poeth lle'r oedd morgrug wrth eu miloedd yn crwydro'r waliau. Cafodd yr Aelwyd gefnogaeth gref gan eglwysi Cymraeg y dref ac ni fu prinder cymorth gan rai na fuont cyn hynny yn gefnogol i'r Urdd.

Yn eu tro yr oedd aelodau hŷn yr Urdd yn cefnogi cymdeithasau megis y Cymrodorion a theimlwyd bod angen man cyfarfod i'r Cymry, yn oedolion a phobl ifainc: 'Tŷ'r Cymry', fel yr un yng Nghaerdydd. Casglwyd arian ar gyfer codi'r 'Tŷ' ac erbyn diwedd y rhyfel 'roedd swm sylweddol yn y gronfa o dan enw Ffowc Williams (llywydd) a minnau (ysgrifennydd).

Sylweddolwyd ar ddiwedd y rhyfel nad oedd digon o sêl o blaid y cynllun wedi i'r Cymry Cymraeg fynd yn ôl i'w cynefin a rhaid fu anghofio'r breuddwyd. Ymhen blynyddoedd daeth rheolwr Banc y Midland, Craig-y-don at Ffowc Williams a minnau a dweud, 'Mae 'na gyfrif banc yn eich enwau chi fel swyddogion yr Urdd ac mae'r cyfrif hwnnw wedi dodwy tu hwnt i bob rheswm. Be' ydach chi am ei wneud hefo'r arian?' Yr hyn a wnaed oedd cyfrannu at yr Urdd yn lleol, at Eisteddfod Genedlaethol yr Urdd ac at Ysgol Gynradd Gymraeg oedd newydd gael ei sefydlu, Ysgol Morfa Rhianedd, Llandudno. Hyd yn oed wedyn yr oedd arian ar ôl a chaewyd y cownt trwy roi cyfraniad sylweddol i Ysgol y Creuddyn, Ysgol Uwchradd Gymraeg a sefydlwyd gan Bwyllgor Addysg Clwyd a Phwyllgor Addysg Gwynedd ar y cyd.

Pan dorrodd y rhyfel allan yn 1939 'roedd aelodau Plaid Genedlaethol Cymru (fel y gelwid Plaid Cymru bryd hynny) yn ofni mai diflannu a wnâi'r gangen, ond fel arall y bu. Tyfodd i fod y gangen gryfaf a welwyd yn Llandudno erioed. Cyfarfyddai'r aelodau yn gyson a phwnc y drafodaeth yn aml iawn fyddai nodiadau disglair Saunders Lewis, 'Cwrs y Byd' yn y *Faner*. Trwy ei lygaid ef ac nid trwy lygaid papurau dyddiol Lloegr na darllediadau 'Lord Haw Haw' y byddai'r aelodau yn deall canlyniadau'r rhyfel, a thrwy ei broffwydoliaethau ef y byddem yn ffurfio barn am ddyfodol Ewrop. Gwelwyd, wedi'r rhyfel, mor agos i'w le yr oedd o.

Cafodd y Cymrodorion gefnogaeth newydd-ddyfodiaid i'r dref yn ogystal â'r brodorion. Bûm yn ysgrifennydd a llywydd i'r Gymdeithas a phan oeddwn yn ysgrifennydd gofynnwyd i mi ysgrifennu at R. Williams Parry i'w wahodd i ddarlithio. Dyma'r ateb a gefais:

10 Ystâd Coetmor,
Bethesda.
Hydref 7, 41

Annwyl O.M.,

Buaswn wedi ateb eich llythyr yn gynt onibai fy mod yn disgwyl yn siŵr y galwech i weld eich hen gyfeillion ym Methesda ar eich ffordd yn ôl o'r Ysgol Undydd yng Nghaernarfon ddydd Sadwrn. Euthum i'r Cefnfaes i weld Gwilym bnawn Gwener a gofyn iddo a gawsai air i'r perwyl hwn oddi wrthych. Naddo, meddai ef. Ond yr oeddwn i yn rhyw led obeithio y câi air fore Sadwrn a chefais ganddo yrru *native runner* i'm hysbysu petaech yn debyg o ddyfod heibio. Ond ni chlywais ddim. Pam na ddaethoch? Dat a chi! Mae arnaf hiraeth am yr hen gwmnïaeth gynt; y tripiau i Ddyffryn Conwy, Llanrwst a llawer llan arall. Er bod fy nghymdogion yn bobl ddymunol — i gyd ond un, y duwiolaf ohonynt — y mae dau beth sydd yn ei gwneud yn gwbl amhosibl imi allu cymdeithasu llawer â hwynt, sef eu bod, bob enaid ohonynt, yn arddwyr brwdfrydig yn yr haf ac yn ymwrthodwyr llwyr yn y gaeaf!

> Dyn dieithr ydwyf yma,
> Draw mae 'ngenedigol wlad.

Y peth wnaeth i mi feddwl y galwech oedd y sylw yn eich llythyr fod 'ymweliad â Pesda yn yr arfaeth'.

Sut hwyl gawsoch chwi yn Llundain? A aethoch chwi â Miss Jones ('rwyf am ei galw'n Miss Jones ar fy ngwaethaf, fel y byddaf yn galw gwraig Bob Alun yn Miss Williams) Mrs. Roberts efo chi?

Credaf eich bod yn gofyn imi ddyfod i Landudno i annerch y Cymrodorion. Mae'n gwneud tywydd ardderchog i'r ŷd, onid ydyw? Gwynt a haul 'gwynt i oen a haul i fochyn' medd yr hen air. Onid ydi'r hen ddiarhebion yma yn dda? Mae'n dwyn ar gof i mi hanes Idwal Jones Caerdydd (Penygroes yn wreiddiol). Yr oedd yn digwydd bod ar yr un trên â W. J. Gruffydd yn dychwelyd i Gaerdydd rai blynyddau'n ôl. Yr oedd ganddynt awr o amser i aros ym Mhorthmadog. 'Beth am gael rhyw ddeigryn bach, Professor?' ebe'r Idwal. 'Syniad reit dda,' ebe'r Athro ac ymaith â nhw am yr Australia Inn, y tŷ y byddai Idwal yn ei noddi pan oedd yn glerc ym Mhorthmadog rai blynyddoedd yn gynt. 'Efe a ddioda'r sychedig,' ebe Gruffydd. 'Ond ydi'r hen Lyfr yn dda?' ebe'r Idwal gan sychu'r dagrau a ddaethai i'w lygaid pan glywodd y gair. Cyraeddasant yr Australia Inn mewn pryd i weld y drws yn cau yn eu hwynebau! Yr oedd yn dri o'r gloch.

Heno ddwytha trewais ar Gwilym ar y stryd a gadawsom y car wrth stesion Bethesda a mynd dros bont y Sarnau am dro i'r ochr draw. Y peth mwyaf trawiadol ar y daith oedd sŵn y dylluanod yn y coed ger y Felin. 'Roedd yno gryn hanner dwsin ohonynt yn ateb ei gilydd. Gwelsom un ohonynt, slaffan go fawr hefyd; ond ar un o wifrau'r teliffon yr oedd hon. Dyna sut y cawsom olwg arni.

O! ie! y Cymrodorion! Mae pobl yn mynnu rhoi dwy m yn y gair hwn, er bod Syr John wedi dweud yn glir na ddylid dyblu'r m a'r t a'r s yn y Gymraeg. Mae'r orgraff newydd yma yn cymryd amser go hir i fynd i lawr gyddfau'r hen Gymry. Y mae'n gwneud mwy o ddrwg nag o les yn aml. Cofiaf i ysgrifennydd fy nosbarth llenyddiaeth Gymraeg ym Mhorthmadog, rhyw hanner Sais, roi imi draethawd, a bûm innau yn ddigon ffôl i gywiro'i wallau. 'He never smole again.' Yr oeddwn wedi torri ei galon. Yr wyf gryn dipyn yn gallach erbyn hyn. Fy null yn awr yw prynu dau *exercise book* a bydd pawb yn cyfrannu'i ysgrif yn y rheini, ac nis dychwelir iddynt! 'Mae mwy nag un ffordd i gael Wil i'w wely.' Dyna ddihareb arall, ac fe'm dwg yn ôl at hen gwestiwn y Cymrodorion. A gaf innau ofyn cwestiwn yn fy nhro? Cwestiwn o'r Beibl y tro hwn, ond nid wyf yn siŵr a ydyw'n gywir gennyf, sef yw hwnnw 'A fuost ti gyhyd o amser gyda mi ac ni'm hadnabuost i Phylip (sef O.M.)?'

Cofion fil, ac ymddiheuriadau filoedd i Mrs. Roberts a chwithau.

Yn alarus,

R.W.P.

Cwestiwn a ofynnwyd i mi lawer gwaith oedd, 'Sut ydach chi'n dygymod â Seisnigrwydd Llandudno a'r cylch?' Yr wyf wedi sôn am yr Urdd a'r Cymrodorion, ond cyn sefydlu'r Urdd a chyn i'r Cymrodorion dyfu'n gymdeithas weddol gref y capeli oedd canolfan bywyd Cymraeg Llandudno. Ar ôl y rhyfel, sefydlwyd clwb Cymraeg i ddynion, Clwb y Gogarth, ac o'r aelodau cyntaf myfi yw'r unig un sy'n fyw heddiw. Wrth lunio'r Cyfansoddiad ceisiwyd creu Cymdeithas a roddai rwydd hynt i Gymry Cymraeg, o bob sect a phlaid, drafod yn rhydd broblemau'r dydd, ac wrth gwrs, hanes a diwylliant cenedl y Cymry. Ar ddiwedd pob gaeaf ceir cinio pentymor a ffug-eisteddfod pryd y gwahoddwn atom rai o wŷr amlwg y genedl, a mawr yr hwyl a'r miri. Clwb wedi ei gyfyngu i bedwar ar hugain o aelodau yw Clwb y Gogarth, ac mae'r aelodau ar hyd y blynyddoedd wedi cael cynhysgaeth Gymraeg gref a diddorol sy'n gwrthweithio diflastod bywyd ambell aelod sy'n gorfod treulio ei oes trwy gyfrwng y Saesneg.

Penyberth

Yr oedd cymylau duon wedi bod yn crynhoi uwchben Ewrop trwy gydol y tridegau a Churchill ac eraill yn rhybuddio bod rhyfel ar y gorwel. Daeth gair o'r Weinyddiaeth Ryfel yn Llundain fod cynllun i godi erodrom ym Mhen Llŷn. Byddai hynny'n golygu symud rhai cannoedd o ddynion ifainc i'r ardal i ddysgu hedfan awyrennau rhyfel, a'r bwriad oedd ymarfer trwy ollwng bomiau ym Mhorth Neigwl. Condemniodd aelodau Plaid Genedlaethol Cymru yn Sir Gaernarfon y bwriad rhag blaen ac yng Nghynhadledd Gŵyl Ddewi y Blaid y flwyddyn honno cyflwynodd Saunders Lewis anerchiad cryf dan y teitl 'Paham y Gwrthwynebwn yr Ysgol Fomio'. Dwy ran oedd i'r araith: cysegredigrwydd Pen Llŷn ac anfadwaith yr hyn a ddysgid gan y dynion ifainc yno. Yr elfen gyntaf a gafodd yr ymateb mwyaf. Gorffennodd ei araith â'r geiriau: 'Gwrthwynebwn yr anfadwaith hwn ym mhob dull a modd a cheisiwn ei rwystro, ac onis rhwystrir, yna ei ddifetha.'

Dyna'r rhybudd, a dyna'r awgrym cyntaf fod Saunders am fynd â'r frwydr i'r pen. Euthum ato ar ddiwedd y cyfarfod a dweud fy mod yn cytuno â'r cymal olaf ac mae'n debyg i Saunders gofio hynny yn ddiweddarach. Dyn ifanc oeddwn i, yn teimlo fod Lloegr wedi anwybyddu llais Cymru yn llwyr; wedi gwrando ar leisiau rhai a oedd am amddiffyn gwyddau ac elyrch ac ati ond yn amharod i wrando ar gannoedd o filoedd o Gymry yn protestio.

Fy mam, Elizabeth Roberts.   Fy nhad, John Jeffrey Roberts.

Fy nhad (canol) wrth ei waith yn y chwarel.

Jennie (yn eistedd), Nesta a minnau yn Ysgol Tan-y-coed, Penisarwaun.

Graddio ym Mangor, 1928. ▶

Fy chwaer Nesta yn ferch ifanc. ▶

H. R. Jones, 'gŵr a Chymru yn ei galon.' ▶

Digriflun R. L Huws ohonof yn Y Ddraig Goch, 1933. ▶

Dosbarth yn Ysgol Sir Brynrefail. Y fi yw'r crwtyn ar y dde eithaf yn y rhes flaen.

Athrawon Ysgol y Cefnfaes, Bethesda, 1931. Gwilym Evans yw'r trydydd o'r chwith yn y cefn. Eluned Jones a ddaeth wedyn yn gymar oes i mi yw'r ferch ifanc ar y chwith yn y blaen.

Eluned a minnau ar wyliau yn y Pyrenees, 1935.

Yn nes adref y tro hwn: ar ben yr Wyddfa Fawr, 1938.

P.E.1.—Nomination Paper.

PARLIAMENTARY ELECTION.

2 0 MAY 1929

Constituency of PARLIAMENTARY COUNTY OF CAERNARVON

NOMINATION PAPER.

We, the undersigned. _R. Wms Parring_ _Plwyf Betbws_ 295 _Upper Ward_ 0

*Here insert full postal address

of* _____ in the _____

of _____ and ___ _JR Davies_ _____ _Rhif 31_

of* _Plwyf Llandwrog_ _Padwrn Ward_ 5 in the _____

of _____ being Electors for [the]

[Division of] the Parliamentary [County] [Borough] of CAERNARVON _____ do

hereby nominate the following person as a proper person to serve as Member for the said Constituency in Parliament.

Surname.	Other Names.	Abode.	Rank, Profession, or Occupation.†

1. (Signed) _____

2. (Signed) _____

WE, the undersigned, being registered Electors of the said Constituency, do hereby assent to the

Nomination of the above-mentioned _____

as a proper person to serve as Member for the said Constituency in Parliament :—

(Signed) _____ _Penrhosgarnedd (S)_ _Rhif_ 600   R

of

(Signed) _Benjamin Owen_ _Penrhos (S)_ _Rhif_ 879   S

of

(Signed) _D. E. Wms_ _Plwyf Llandwrog_ (Middle Ward Croesor) Y

of   _Rhif_ 862

(Signed) _E. Alwyn Owen_ _Plwyf Bedgelert_   B. B.

of   _Rhyd ddu Ward._ 613

(Signed) _Pritchard Roberts_ _Llandsamlen (Q)_ _Rhif_ 1006   R

of

(Signed) _Neala Roberts_ _Llanrug Ward_ _Rhif_ 682   T

of

(Signed) _C. R. Jones_ _Plwyf Llanllyfni (Talysarn)_ Z

of   _Rhif_ 278 Talysarn

(Signed) _R. H. Jones_ _Plwyf Llanllyfni_ Z

of   _Rhif_ 279

†NOTE.—Where a Candidate is an Irish Peer, or is commonly known by some title, he may be described by his title as if it were his surname.

(12220) EM114 47,800 9/4/24 P &G. 195(1)

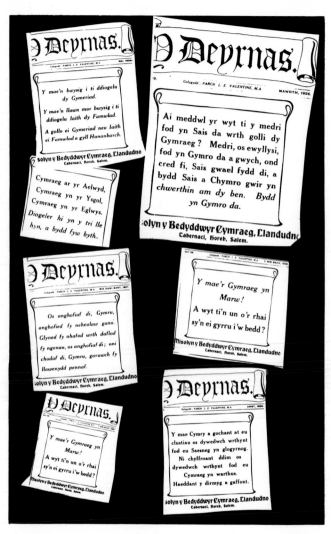

Enghreifftiau o dudalen blaen 'Y Deyrnas,' misolyn y Bedyddwyr Cymraeg
yn Llandudno. Y Parchedig Lewis Valentine oedd y golygydd.

'Dickie Owen' a 'Wilfred Wooller' — heb 'Bowdler' y tro hwn! Gwilym Evans a minnau ar ymweliad â Llundain yn 1932.

Yn Ysgol Haf y Bala 1937. Yn ein plith gwelir Dyddgu Owen, J. E. Jones, Victor Hampson Jones, Cassie Davies, Ellis D. Jones, M. Janet Jones. Emyr Humphreys yw'r llencyn ar y dde eithaf a Priscie Roberts a Nesta fy chwaer yw'r ddwy ferch ifanc yn y blaen ar y dde.

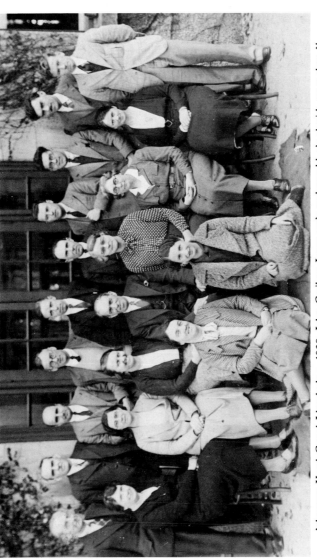

Athrawon Ysgol Ganol Llandudno, 1938. John Gwilym Jones yw'r pedwerydd o'r chwith yn y rhes ôl. Ffôwc Williams, y prifathro, sy'n eistedd yn y canol.

Priodas Eluned a minnau, 12 Awst 1939.

Athrawon Ysgol Degannwy, 1944.

Tîm pêl-droed llwyddiannus iawn Ysgol Maelgwn, 1950-51.

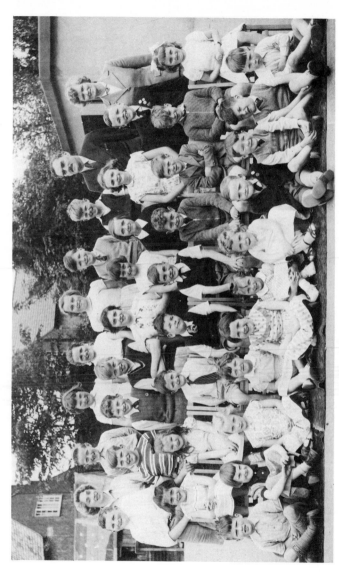

Ysgol Gymraeg Maelgwn, 1959-60.

Dilys Jones, Vernon Jones, Ioan Bowen Rees (ymgeisydd y Blaid) a minnau yng Nghei Conwy yn ystod ymgyrch Etholiad 1959.

Dod allan o wasanaeth yn eglwys hynafol Conwy. Eluned yn
edrych yn ddireidus.

Gyda Wynne Samuel, J. Gwyn Griffiths, D. J. Williams, Dan Thomas, J. E. Jones a Gwynfor Evans yn y pumdegau cynnar.

Ar y ffordd ger Nannau tra'n crwydro Meirionnydd.

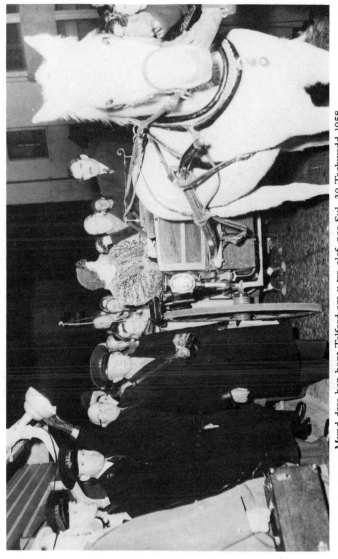

Mynd dros hen bont Telford am y tro olaf, nos Sul, 30 Tachwedd 1958.

Braidd yn anghysurus yng nghwmni Henry Brooke, Gweinidog Materion Cymreig, yn agoriad swyddogol pont newydd Conwy, 1958.

Agor Canolfan Dosbarthu cwmni Bird's Eye yng Nghyffordd Llandudno. Mae'r gŵr yn y blaen — Cadeirydd y grŵp bryd hynny — yn un o ddisgynyddion Ceiriog.

Eluned a minnau ar lan Llyn Cowlyd gyda rhai o aelodau Bwrdd Dŵr
Dyffryn Conwy a Bae Colwyn.

Tra'n Gadeirydd y Fainc cefais y fraint o gyflwyno tystysgrifau gwrhydri i *(o'r
chwith)*: Albert Roberts, Bryn Thomas a'r heddwas Thomas Thomas.
Llwyddasant i achub gwraig o dŷ ar dân yn Nhy'n-y-groes.

Twrnameint Martini yng Nghlwb Golff Conwy. Minnau'n
ysgrifennydd y clwb!

Swyddogion Pwyllgor Rhanbarth Etholaeth Conwy, 1974.
O'r chwith: Gareth Williams, Alun Roberts, Michael Farmer (ymgeisydd),
Dilwyn Jones, minnau a Dafydd Owrig.

Coed-y-waun, Llanbedrycennin, y cartref er 1966.

Agoriad swyddogol Amgueddfa Lloyd George yn Llanystumdwy, ▶ 1985.

Ymweld â Gardd Gethsemane yn ystod y daith i Israel yn 1979.

Dathlu canmlwyddiant geni R. Williams Parry yng Ngregynog, 1984.

Ar drên bach 'Stiniog pan agorwyd estyniad i'r rheilffordd yn 1986. Un o'r ychydig wahoddiadau a gefais yn Gymraeg tra bûm yn Gadeirydd y Cyngor Sir.

Agoriad swyddogol estyniad yr A55 i Landudno yn 1986. Yn y llun *o'r chwith:* Hugh Davies (Syrfewr), Ioan Bowen Rees (Prif Weithredwr), T. O. Jones (Cadeirydd y Pwyllgor Ffyrdd).

Gorymdeithio trwy Bwllheli yn Rali Cofio Penyberth, 1986.

Mair Saunders yn dadorchuddio'r gofeb ym Mhenyberth, Medi 1986.
Dyna'r tro cyntaf i mi fynd yn ôl yno oddi ar noson y tân hanner
canrif ynghynt.

Ymweld â Gorsaf Dân Llandudno. Tipyn o newid er 1936!

Y Barnwr Dewi Watcyn Powell yn annerch yng Nghinio Cadeirydd y Cyngor
Sir, Ebrill 1986. Y Fonesig Enid Roberts (priod Syr Wyn) sy'n eistedd
ar y chwith i mi.

Agoriad swyddogol Ysgol y Creuddyn, 1984, gyda'r prifathro Roland Jones.

Llywodraethwyr cyntaf Ysgol y Creuddyn, ynghyd â rhai athrawon.

Cael fy nghyflwyno am radd M. A. Er Anrhydedd gan y diweddar
Athro Bedwyr Lewis Jones yn 1987.

Eluned a minnau yn dathlu ein Priodas Aur ar lwyfan y Brifwyl bnawn
Sadwrn, 12 Awst 1989.

Ar achlysur uno'r Ganolfan Llenyddiaeth Plant â'r Cyngor Llyfrau yn 1990.
O'r chwith i'r dde: D. Geraint Lewis, Menna Lloyd Williams, Gwerfyl Pierce
Jones a Dr Brynley F. Roberts.

Croesawu'r Prifardd Myrddin ap Dafydd adref o
Brifwyl Cwm Rhymni, 1990

Gyda'r hen gyfaill Ifor Owen yn dathlu pen-blwydd
Mrs Gwladwen Jones yn 80 oed.

Dadorchuddio plac er cof am John Gwilym Jones yn y Groeslon, 1992; gyda
Mrs Rachie Thomas, Y Fonesig Enid Parry, John Roberts ac Arthur Wyn Parry.

Eluned.

Bu cyfnod o ymgyrchu caled a brwd yn Sir Gaernarfon ac ym Mhen Llŷn ac, am y tro cyntaf yn hanes y Blaid, gwelwyd miloedd trwy Gymru yn mynd i gyfarfodydd, yn gwrando ar anerchiadau ac yn darllen posteri a phamffledi. Eithr, er gwaetha'r protestiadau gwrthododd y llywodraeth newid ei chynlluniau.

Cafwyd dau gyfarfod pwysig ym Mhwllheli. Bu'r cyntaf yn Festri Capel Penmount, capel y Methodistiaid. J. E. Daniel oedd yn y gadair a Saunders a Moses Griffith oedd i fod i siarad, ond ni chafodd neb ddweud gair. Yr oedd carfan gref yn ardal Pwllheli a groesawai'r Ysgol Fomio: gwŷr busnes a welai fanteision masnachol y cynllun a phobl ddi-waith a ystyriai y byddai swyddi iddynt yn y gwersyll newydd. Aeth Catherine Huws (Catherine Daniel wedyn) i geisio'u tawelu ond er gwaetha'i hapêl ni lwyddodd i gael chwarae teg i'r siaradwyr. Methu hefyd a wnaeth Moses Griffith, un o hogiau'r ardal, a methu a wnaeth un o'r cynghorwyr lleol. Penderfynwyd rhoi'r ffidil yn y to. Erbyn hynny, 'roedd cannoedd wedi ymgasglu y tu allan i'r capel a chefais drafferth i symud yr Ostin Sefn a oedd i gludo Elwyn Roberts a minnau o'r dref. Rhoddais fy mhen allan trwy'r ffenestr i geisio gweld lle'r oeddwn yn mynd a daeth bloedd o gyfeiriad Uwcharolygydd yr heddlu, 'Rhowch eich pen i mewn, ddyn, os ydach chi isio mynd â fo adre ar eich 'sgwyddau.' Ni fu'n rhaid iddo ailadrodd y rhybudd.

Y noson honno, yr oedd Saunders yn ddigon bodlon ei fyd. Er gwaetha'r gwrthwynebiad gan rai yn y festri teimlai fod y frwydr, o'r diwedd, wedi dechrau o ddifri.

Bu cyfarfod arall ym Mhwllheli yn fuan wedyn: y tro hwn yn yr awyr agored a thua dwy fil yn bresennol. W. J.

Gruffydd oedd y cadeirydd, Saunders yn un o'r siaradwyr, ac 'roedd yno gynrychiolwyr o bob plaid wleidyddol ac eithrio'r Torïaid. 'Roeddem wedi trefnu'n ofalus i warchod cebl yr uchelseinydd gan osod stiwardiaid ym mhob safle strategol ond, yn anffodus, bu'n rhaid i un dyn bach adael ei le i fynd i'r lle chwech a dyna ddechrau gofidiau. Ymddangosodd rhyw bymtheg neu ugain o hogiau lleol yn chwil ar lasfedd tafarn y Mitre ac aeth rhai ohonynt ati i dorri'r cebl a throdd eraill i ymosod ar D. J. Williams. 'Roedd D.J. yn dipyn o baffiwr, wedi arfer yn y pyllau glo, a buasai wedi gallu rhoi cweir i ddau neu dri ohonynt gyda'i gilydd, ond ymataliodd rhag taro'n ôl. Ymosodwyd ar y Parchedig J. P. Davies hefyd ac ar Ambrose Bebb a chefais innau fy ngwasgu nes oeddwn yn methu ag anadlu bron. 'Roedd criw o'r De yn hwyr yn cyrraedd ac efallai mai da hynny. Pe bai pobl fel Gwent Jones a'r hogiau rygbi yno dyn a ŵyr beth fuasai tynged llanciau Pwllheli. Trwy hyn i gyd aeth Saunders rhagddo i orffen ei araith. Ychydig iawn a fedrai ei glywed ond 'roedd yn amlwg fod y rhan fwyaf o'r ddwy fil yn cytuno â phob gair mud. Wedyn, daeth y bleidlais: rhyw hanner cant yn unig oedd am weld Ysgol Fomio yn Llŷn.

Aeth yr ymgyrch yn ei blaen a chafwyd slogan newydd i'r pamffledi a'r posteri — 'Lloegr a'i llu yn llygru Llŷn'. Dyna'r slogan a ddenodd gefnogaeth. Awgrymodd rhai pobl yn ddiweddar mai ymgyrch o blaid heddychiaeth oedd ymgyrch yr Ysgol Fomio; wel, yn naturiol, yr oedd rhai yn gwrthwynebu paratoadau rhyfel Lloegr ond llygru Llŷn oedd y camwedd yng ngolwg y mwyafrif.

Nid oeddwn yn bresennol yn Ysgol Haf y Blaid yng Nghaerfyrddin y flwyddyn honno; yn lle hynny cefais gyfle i fynd ar wyliau i'r Almaen am dair wythnos. Pan gyrhaeddais yn ôl o'm gwyliau, 'roedd neges yn fy aros yn fy nghartref, Glanrhyd Isaf, ger Llanwnda, sef gwŷs i fynd i dŷ E. V. Stanley Jones, y twrnai, yng Nghaernarfon. 'Roedd J.E. yno o'm blaen. Esboniwyd bod Saunders yn trefnu i losgi'r ysgol fomio a gofynnwyd i mi a fyddwn, gyda J. E. Jones, Robin Richards a Victor Hampson Jones, yn barod i gynorthwyo Saunders, Valentine a D. J. Williams. Esboniwyd hefyd mai'r tri olaf hyn yn unig a fyddai'n mynd at yr heddlu wedyn i gyfaddef cyflawni'r weithred. Y bwriad oedd dangos bod gwŷr cyfrifol o statws yn y gymdeithas yn barod i aberthu dros Gymru.

Nid wyf yn siŵr sut yr aethpwyd ati i ddewis y cwmni. Yn sicr, ar y dechrau, nid oedd Saunders yn awyddus i J.E. a Valentine gymryd rhan o gwbl; 'roedd am iddynt aros yn rhydd i arwain y Blaid.

Yn ôl y sôn, methu â derbyn yr her a wnaeth rhai o'r bobl y gofynnodd Saunders iddynt fynd gydag ef yn wreiddiol. Felly estynnwyd gwahoddiad i D.J. ac, wrth gwrs, fe fynnodd Valentine gael mynd. Mae'n debyg fod un o'r cynorthwywyr hefyd wedi gwrthod cymryd rhan ac mai felly y daeth J. E. Jones i'r tîm.

Efallai y dylwn ddweud gair am Robin Richards gan fod yr enw'n ddieithr i'r rhan fwyaf o bobl erbyn heddiw; yn wir, hyd yn oed yr adeg honno nid oedd yn wyneb cyfarwydd iawn i fynychwyr y cynadleddau a'r ysgolion haf, serch iddo fod ar un cyfnod yn olygydd y *Welsh Nationalist*. Er bod ei dad, Cymro Cymraeg o Fôn, yn offeiriad yn Eglwys Loegr, Pabydd oedd Robin. Cawsai fagwraeth hollol Seisnig ac yn ddeuddeg oed enillodd ysgoloriaeth i Ysgol Fonedd Winchester. Oddi yno aeth i Goleg Merton, Rhydychen ac yna bu'n athro yn Ysgol Babyddol Ampleforth, Swydd Efrog. Ar ôl rhoi'r gorau i ddysgu aeth i weithio gyda'r *South Wales Council of Social Services* a chadw tyddyn ym Mro Morgannwg yr un pryd. Yno yr oedd adeg y llosgi, os cofiaf yn iawn, ond yn ddiweddarach symudodd i ffermio yn Sir Benfro ac oddi yno wedyn i Gefnysgwydd Fawr ger Rhosneigr ym Môn, fferm a etifeddodd trwy deulu ei dad. Yr adeg honno nid oedd yn siarad Cymraeg ond 'roedd digon o dân yn ei fol ac yn wir fe ddysgodd siarad ac ysgrifennu'r iaith maes o law. Bachgen eithriadol o alluog oedd Robin ond, ysywaeth, bu farw'n ifanc ar ôl dim ond deng mlynedd o fywyd priodasol. Deallaf fod ei weddw yn dal i fyw yng Nghefnysgwydd Fawr.

Gofynnwyd imi droeon a fuaswn i wedi cytuno i fod yn un o'r 'tri' pe cawswn y cynnig. Digon hawdd i mi ddweud heddiw, mi wn, ond 'rwy'n meddwl y buaswn i. Buasai'n well gennyf fod yn un o'r tri yn mynd i swyddfa'r heddlu i ddweud am y tanio na chael fy nal yn ceisio dianc.

Sut bynnag, 'roedd hi eisoes yn ganol yr wythnos a'r llosgi i ddigwydd y nos Lun ddilynol, y seithfed o Fedi. Gofynnwyd i ni ddod yn ôl i swyddfa'r Blaid yng Nghaernarfon brynhawn dydd Sadwrn. Methodd Lewis Valentine â mynychu'r cyfarfod oherwydd ei waith. Gyda'r nos y cyrhaeddodd D. J. Williams a daeth yn amlwg ei fod ef, a oedd yn heddychwr mawr ac yn casáu trais, wedi ailfeddwl. Ceisiodd ddarbwyllo Saunders i roi heibio'r trefniadau ac yn hytrach na llosgi'r ysgol fomio dywedodd y dylai'r tri roi'r gorau i'w swyddi a mynd o gwmpas y wlad i ymgyrchu yn erbyn rhyfel. Yr oedd rhai eraill hefyd, fel y Parchedig J. P. Davies, yn ofni'r cam a gymerid, ond 'roedd Saunders yn benderfynol na châi'r Cymry gyfle i dynnu'u cyrn atynt yr wythnos honno. Fodd bynnag, ar ôl apêl daer gan J. P. Davies, addawodd sicrhau na fyddai neb yn cael ei frifo.

Cawsom ein cyfarwyddiadau. 'Roedd Saunders wedi paratoi popeth yn ofalus ac wedi prynu petrol a chwistrelli. Ein gwaith ni oedd chwilio am ddeunydd cynnau tân a dod i fan neilltuol rhwng Llithfaen a Phenyberth. Y nos Sadwrn honno aeth Saunders yn ôl i Gaergybi at ei wraig a'i chwaer-yng-nghyfraith; euthum innau yn ôl i Lanrhyd Isaf a J.E. Jones i'w lety yng Nghaernarfon.

Ar y nos Sul, ar ôl bod yn pregethu yn yr ardal, daeth y Parchedig J. P. Davies i ymweld â Nesta a mi yng Nglanrhyd. Gofynnodd i mi fynd yn gwmni iddo at y car. Yno, bron nad aeth ar ei liniau mewn gweddi na ddeuai niwed i neb a gofynnodd i mi fynd yn gyfrifol am sicrhau hynny. Buom yn y car am oddeutu awr a Nesta'n methu â dirnad beth oedd yn bod. Ni chlywais ddim mwy taer a chywir erioed nag ymbil J. P. Davies y noson honno. Addewais y gwnawn fy ngorau i gyflawni ei ddymuniad.

Bu'r dydd Llun hwnnw yn un anodd i mi. Galwodd Valentine, a oedd yn byw o fewn rhyw ddau gan llath i'r ysgol, heibio imi a gofyn, 'Ydi popeth yn iawn at heno?' 'Ydi,' meddwn innau, ond nid felly 'roedd hi mewn gwirionedd. 'Roeddwn yn hollol argyhoeddedig fod eisiau llosgi'r gwersyll ond gwyddwn hefyd fod posibilrwydd na fyddwn yn yr ysgol drannoeth. Penderfynais fynd i ddweud wrth fy mhrifathro, Ffowc Williams, a oedd yn gyfaill i'r Blaid, ond wrth lwc efallai, 'roedd ei ddrws ynghau a rhywun gydag ef yn ei ystafell. Ni roddais gynnig arni wedyn. Yr unig un a wyddai fy mod i'n mynd y noson honno oedd Eluned, a ddaeth wedyn yn wraig imi. 'Roeddwn wedi trefnu i'w gweld ddydd Mawrth i roi'r hanes iddi. Gwyddwn ei bod hi'n poeni.

Daeth y noson fawr. 'Roedd J. E. Jones wedi trefnu i Mai Roberts, Deiniolen, ddod i gadw cwmni i Nesta fy chwaer a rannai'r cartref yn Llanwnda hefo mi. Ni wyddai Nesta pam 'roedd hi wedi galw ac ni wyddai Mai pam y cawsai orchymyn i fod yno. Tra sgwrsiai Mai a Nesta o bobtu'r tân 'roedd J.E. a minnau yn y llofft yn chwilio am hen ddillad ac yn tynnu'r botymau a'r labeli oddi arnynt rhag ofn i rywun eu hadnabod.

Yn y cyfamser, 'roedd y ddau gyfaill o'r De, Robin Richards a Vic Hampson Jones, ar eu taith. Dechreuodd J.E. a minnau gerdded ar hyd y ffordd i gyfeiriad Glynllifon a chyn hir daeth Robin a Vic i'n codi yn unol â'r trefniant. Ymlaen wedyn am Lithfaen nes gweld car Saunders. 'Roedd ef, D.J. a Valentine yn aros yno — y tri wedi dod o Borthaethwy lle buont yn swpera ac yn cael llymaid neu ddau. Bu bron iawn iddynt beidio â chyrraedd oherwydd bod D.J. wedi cael anaf i'w fys hefo llafn rasel ac 'roedd y meddyg lleol wedi cymryd ei amser i'w drin. Ond bellach 'roeddem oll yn gytûn yn yr un lle. Wedi'r cyfarfyddiad aethom ein saith yn ddau gar wedyn ar hyd y cefnffyrdd am Rydyclafdy a chychwyn cerdded dros y gefnen i'r erodrom, bawb â'u hoffer i'w canlyn. Pleiars oedd gennyf i, yn barod i dorri'r gwifrau.

'Roeddem yn weddol sicr na fyddai neb yno. Bu gennym ysbïwraig ifanc — hen gariad dyddiau ysgol i mi yn Llanrug — a drigai heb fod nepell o'r gwersyll ac a

wyliai'n ofalus a chyson beth oedd y drefn yno, ac 'roedd
Saunders a Robin hefyd wedi bod yno'n gweld drostynt
eu hunain. Sut bynnag, mynnwyd fod Robin a minnau,
efallai am mai ni oedd y ddau dalaf, yn mynd o gwmpas
y gwersyll i fod yn hollol sicr nad oedd undyn yno. Ac
felly 'roedd hi: 'doedd yr un creadur byw ar gyfyl y lle.
Neb. O ganlyniad, ni fu'n rhaid defnyddio'r rhaff oedd
gennym ar gyfer clymu'r gwyliwr nos a mynd ag ef i le
diogel. Ymlaen â'r gwaith felly. Aeth D.J. a Vic at bentwr
o goed, J.E. a Val at un o'r cytiau a Saunders a minnau
at gwt arall. Daliai Robin i fynd o amgylch y maes ar
wyliadwriaeth. 'Roedd gennym dûn bach hefo ni a'm
gwaith i oedd tywallt petrol i'r tûn tra oedd Saunders yn
ei sugno â chwistrell ac yna'n chwistrellu'r cwt nesaf atom.
Golygfa nad anghofiaf mohoni byth oedd honno: un o
ddynion mwyaf Cymru, cantel ei het wedi'i throi i lawr
ac yn gwisgo hen gôt law a *plus twos*, wrthi yn chwistrellu
petrol i socian y coed. Wedi gwneud hynny galwodd
arnom. 'Mi ro' i ugain munud i chi i fynd yn glir cyn
tanio,' meddai, ac ar y gair rhedodd y pedwar ohonom
ni'r cynorthwywyr ar draws y caeau am y car — menig
am ein dwylo a hosanau dros ein hesgidiau rhag gadael
olion. Er yr holl ofal, fe gollais i un hosan! Gwelem olau
car yn y pellter a chawsom gryn fraw, oherwydd y peth
olaf a fynnem oedd cael ein dal yn ceisio dianc. Fel yr
awgrymais eisoes, byddai'n well gennym gerdded i mewn
i swyddfa'r heddlu yng nghwmni'r lleill. O drugaredd,
trodd y car i gyfeiriad arall ar y groesffordd ac aethom
ninnau yn ein blaenau at y ceir. Dygodd Robin ni'n ôl
trwy Glynnog Fawr i gyfeiriad y Groeslon a gollwng J.E.

a minnau wrth yr orsaf. Oddi yno cerddodd y ddau ohonom ar hyd y cledrau i Lanrhyd Isaf.

Tua chwech o'r gloch y bore ar Fannau Brycheiniog yr oedd Robin a Vic yn gwahanu. Yno yn aros amdanynt, gyda fflasged o de, yr oedd Gwladwen Gwent Jones, ac yn ei char hi yr aeth Vic adref i Gaerdydd. 'Roedd ganddo yntau, fel minnau, ysgol i fynd iddi y diwrnod hwnnw.

Heb yn wybod i ni ar y pryd, 'roedd Saunders, D.J. a Valentine hefyd wedi cael braw cyn cynnau'r tân. Tra oedd y tri yn aros i ni gael mynd yn ddigon pell, clywyd sŵn ci yn cyfarth a sylweddolwyd bod y gwyliwr nos ar fin dychwelyd. Felly, bu'n rhaid tanio ymhell cyn i'r ugain munud ddod i ben!

Cyrhaeddodd J.E. a minnau Lanrhyd yn ddiogel. Gwyddai Nesta lle 'roeddem wedi bod ond tybiai mai mynd 'i weld' yr ysgol fomio oedd ein bwriad. 'Mae hi ar dân!' meddai J.E. pan ddaethom i'r tŷ, ond mewn gwirionedd ni chawsom wybod hynny i sicrwydd tan fore trannoeth.

Yn y car ar y ffordd i'r ysgol, a John Gwilym Jones wrth fy ochr, y clywais gadarnhad ar y radio. (O leiaf, dyna'r argraff sydd gennyf, ac eto 'rwy'n methu â deall sut yr oedd gennym radio yn y car yr adeg honno. Hwyrach imi glywed y darllediad cyn cychwyn.) P'run bynnag, 'roedd y peth yn newydd pur i John ac 'roedd wrth ei fodd. Ef oedd yr heddychwr mwyaf ffyrnig a fu erioed.

Cefais drafferth i ganolbwyntio ar fy ngwaith y dydd Mawrth hwnnw. Yn ddiarwybod i mi 'roedd 'y tri' a minnau wedi pasio'n gilydd ar y ffordd pan oedd Saunders, D.J. a Valentine yn dod o Bwllheli i'r llys yng Nghaernarfon a minnau ar fy ffordd adref o'r ysgol.

Cafodd y tri eu rhyddhau ar fechniaeth a chefais sgwrs â Saunders yn y Royal yng Nghaernarfon gyda'r nos. Diflannodd wedyn am y De.

Bore trannoeth, awgrymodd John Gwilym y dylem fynd i weld Val yn ei gartref. Gyda gwên ar ei wyneb, aeth y gwron ati i ddweud yr hanes i gyd a minnau'n gorfod cymryd arnaf fod y cyfan yn newydd i mi. Bu bron i mi ollwng y gath o'r cwd pan ofynnodd Val, 'Wyt ti'n cofio'r tuniau bach 'na oedd gynnon ni?' Ni chymerodd John Gwilym ddim yn ei glust ac aeth y sgwrs rhagddi yn esmwyth. 'Roedd y gyfrinach yn ddiogel!

Hyd heddiw, mae'n rhyfedd gennyf feddwl na synhwyrodd John fod gennyf ran yn y llosgi. Ymhen blynyddoedd ar flynyddoedd, nid cymaint â hynny cyn ei farw, y cafodd wybod y gwir. Y cyfan a ddywedodd oedd, 'Wel, mae gen i fwy o feddwl ohonot ti rŵan nag oedd gen i cynt!'

Mae'n anodd gennyf ddeall hefyd pam na ddaeth yr heddlu ar ein holau o gwbl. 'Does bosib' nad oeddynt yn sylweddoli na fedrai tri dyn byth gario'r holl offer tanio a phetrol ar draws y cae heb unrhyw gymorth. Buasai wedi bod yn rhesymol iddynt holi'r rhai a fu'n amlwg yn y protestiadau cyn y tân. Ni wnaeth neb, a diolch am hynny!

Wedi'r Tanio

Bu cyfnod o dawelwch ar ôl y tanio. Erbyn hynny yr oeddwn wedi cael llety gaeaf yn Llandudno er mwyn arbed teithio'n ôl ac ymlaen i Lanrhyd. Felly, câi Val a minnau gyfle i gyfarfod yn aml. O'r tri a losgodd y gwersyll, mae'n debyg mai ef oedd y mwyaf poblogaidd. Bu hefyd yn gyfaill da i mi ac 'roedd Nesta fy chwaer ac yntau'n dipyn o ffrindiau. Hawdd oedd ymserchu ynddo. P'le bynnag yr âi byddai pobl yn ymgynnull o'i gwmpas ac yntau'n eu cyfarch fel pe baent yn gyfeillion bore oes. 'Roedd rhyw ddireidi hefyd yn perthyn iddo. Cofiaf fynd i'w weld yn yr ysbyty ym Mae Colwyn. Cyrhaeddais yn hwyr a sylwi fod yr ymwelwyr eraill yn codi i fynd adref. 'Paid â mynd. Aros!' meddai Val. Wedyn gofynnodd i'r nyrs a ofalai am y ward, *'You won't mind if the Reverend Roberts stays on?'*

Un annwyl hefyd oedd D.J. er nad oeddwn yn ei adnabod ef cystal. Ef a Val fyddai bob amser yn arwain y rhai ieuanc yn Ysgolion Haf y Blaid. 'Roedd D.J. yn gyfarwydd heb ei ail a chanddo straeon di-ri'. Yn gymeriad hoffus a heddychwr mawr 'roedd hefyd yn hoff o'i beint.

Nid 'hoffus' yw'r gair gorau i ddisgrifio Saunders. Cofiaf fynd â 'nhad i Gaernarfon i glywed Saunders yn siarad yn y Llyfrgell, a chan ei fod wedi fy nghlywed yn sôn cymaint amdano yr oedd yn awyddus iawn i'w gyfarfod. Mae'n debyg bod fy nhad yn disgwyl gweld personoliaeth debyg i John Williams Brynsiencyn; cafodd ei siomi. 'Hwnna ydi o?' gofynnodd wrth weld Saunders yn ei dei dici-bo yn dod oddi ar y trên. 'Ia,' meddwn i, 'dyna fo Saunders.' Cyflwynais y ddau i'w gilydd ond cyfarchiad oeraidd a swta a gafwyd gan Saunders. Ni wnaeth argraff ffafriol o gwbl ar fy nhad.

Wrth gwrs, 'roedd ynddo anian uchelwr. Byddai bob amser yn hapusach gyda rhywfaint o foethusrwydd o'i gwmpas, ac 'roedd yn gryn arbenigwr ar win. Ef yw'r unig un a gofiaf erioed yn anfon gwin yn ôl sawl gwaith ac yn rhoi cynghorion i'r rhai a fyddai'n gweini arno. Cofiaf ni'n dau yn cael cinio mewn gwesty moethus yng Nghaerdydd a rhyw hogyn go ifanc yn dod â photel win mewn basged at y bwrdd. *'Young man,'* meddai Saunders, *'may I give you a tip? It will help you.'* Dywedodd wrtho fod osgo'r botel yn y fasged yn anghywir.

Y prif reswm pam yr apeliai Saunders i ni'r hogiau ifanc oedd ei fod yn credu'n gydwybodol yn yr achos, yn gosod nod ac yn barod i ymgyrchu'n ddiflino at y nod hwnnw gan herio pawb a ystyriai ef yn elynion i Gymru — yn wleidyddion, yn gyfalafwyr ac yn Gymry cynffonllyd. Nid oedd y gair 'cyfaddawd' yn ei eirfa. Perffeithydd ydoedd ac, o edrych yn ôl, efallai ei fod yn ormod o berffeithydd.

Cafwyd dyddiad ar gyfer y gwrandawiad yn y Llys Chwarter yng Nghaernarfon a sylweddolwyd y byddai'r achos yn un pwysig. 'Roedd llosgi'r gwersyll wedi ennill cefnogaeth miloedd o bobl trwy Gymru ond ar y llaw arall 'roedd rhai o drigolion Llŷn yn gandryll yn erbyn y tri ac 'roedd eraill yn poeni am effaith y weithred ar allu Prydain i wrthwynebu'r Almaen.

Sicrhaodd E. V. Stanley Jones, twrnai'r tri, wasanaeth bargyfreithiwr ifanc o'r enw Edmund Davies a bu cyfarfod yng Ngwesty'r Royal yng Nghaernarfon y noson cyn y gwrandawiad i ymarfer ar gyfer trannoeth. Gofynnwyd i J.E. a minnau fod yn bresennol. Y drefn oedd fod Saunders a Valentine i wneud datganiadau a bod D.J. i ateb cwestiynau. 'Roedd rheswm technegol dros fabwysiadu'r drefn honno: pe bai'r tri yn gwneud datganiadau, ni fyddai'r bargyfreithiwr yn cael cyfle i groesholi tystion yr erlyniad, ac 'roedd un o'r tystion hynny, sef y gwyliwr nos, yn berygl i'r achos. Am ryw reswm, 'roedd ef yn barod i dystio ei fod yn bresennol yn y gwersyll adeg y llosgi. Hwyrach yr ofnai golli ei swydd. Sut bynnag, 'roedd yn bwysig bod Edmund yn cael cyfle i dorri ei grib ef ac ambell dyst arall.

Er mawr ofid inni, wrth ein gwaith yn yr ysgol yr oedd John Gwilym Jones a minnau ddiwrnod y gwrandawiad. Ar ddiwedd y prynhawn, dyma ruthro am y car ac i ffwrdd â ni am Gaernarfon. Cyrraedd y Maes, a dychryn. Yr oedd yno gannoedd, onid miloedd, wedi ymgasglu, a'r lle yn ddu gan bobl. Ymhen chwarter awr daeth bonllef o'r llys a seiniau Hen Wlad Fy Nhadau. Yr oedd rhywbeth mawr wedi digwydd. Pan ddaeth y tri allan troes y Maes yn ferw cynhyrfus a chodwyd Saunders ar ysgwyddau'r dorf a'i gludo i swyddfa'r Blaid. Mae'n debyg y byddai codi D.J. a Val wedi bod yn ormod o gontract! Bu'r noson honno yn noson fawr — iddynt hwy, i ni, i'r gwragedd ac i'r miloedd trwy Gymru a gefnogai'r ymgyrch.

Wedyn y cafwyd gwybod y manylion. 'Roedd Valentine, gyda chymorth ei fargyfreithiwr, wedi llwyddo i wrthwynebu'r aelodau hynny o'r rheithgor a oedd yn ddi-Gymraeg. Ni hoffai'r Barnwr Lewis mo hynny, a gofynnodd, *'How long is this farce going to continue?'*

Manteisiodd Saunders ar ei gyfle i annerch ac er i'r Barnwr dorri ar ei draws trwy gydol yr amser llwyddodd i draddodi pob gair o'i araith fawr. 'Roedd peth o'r diolch am hynny i'r hyfforddiant a gawsai gan Edmund Davies y noson cynt. Gwnaeth Val safiad tebyg. O fewn munudau, 'roedd copïau o'u hareithiau — *Paham y Llosgasom yr Ysgol Fomio* — ar werth i'r dorf y tu allan i'r llys — y cwbl wedi'i drefnu ymlaen llaw. Ychydig ddyddiau ynghynt aethai R. E. Jones a minnau â'r areithiau i Ddinbych i gael eu hargraffu. 'Roedd amser yn brin ac oni chyrhaeddem erbyn rhyw adeg penodol ni allai'r wasg sicrhau y byddai'r pamffledi'n barod mewn pryd. R.E. oedd yn gyrru, a dyna un o'r teithiau cyflymaf erioed yn fy hanes i!

Mae'n debyg na fu croesholi'r gwyliwr nos yn llwyddiant mawr; gwrthododd y cnaf celwyddog newid ei stori.

Pan ddychwelodd y rheithgor, cafwyd nad oeddynt yn unfarn. Nid oedd neb wedi disgwyl hynny. Neb. Ac nid pawb a sylweddolai ar y pryd y golygai hynny y byddai ail wrandawiad yn debygol.

Yr ail dro, trosglwyddwyd yr achos i'r Old Bailey yn Llundain. 'Roedd yn weithred warthus. Ceisiwyd gwrthwynebu hynny ond fe fethwyd ac efallai y dywed hyn lawer am ddiffyg asgwrn cefn cenedl y Cymry. Dyna farn Lloyd George, yn sicr. 'Roedd ef yn wael yn America ar y pryd ond ysgrifennodd at ei ferch, Megan, i edliw na fyddai'r llywodraeth byth yn meiddio symud achos allan o Iwerddon. Ond, fe gafwyd mwy o gefnogaeth i'r tri ar ôl symud yr achos a gwerthwyd cannoedd o bamffledi a lluniau'r arwyr. Cododd tymheredd y dŵr ond ni ferwodd.

Aeth y tri i Lundain o'u gwirfodd — camgymeriad yn fy marn i; dylent fod wedi aros a disgwyl i'r heddlu ddod i'w hebrwng i'r llys. Ychydig funudau a barodd yr achos ac anfonwyd hwy i'r carchar am naw mis.

Ymhen peth amser trosglwyddodd Edmund Davies yr hanner canpunt a gawsai am amddiffyn y tri i'r Blaid, chwarae teg iddo. Flynyddoedd lawer yn ddiweddarach, ac yntau yn Ddirprwy-Ganghellor Prifysgol Cymru cefais ei gwmni yn un o giniawau'r sefydliad hwnnw. 'Wyddoch chi ymhle y gwelais i chi gyntaf erioed?' meddwn i, gan gyfeirio at y cyfarfod yn y Royal cyn y prawf yng Nghaernarfon. Yr oedd wrth ei fodd yn sôn am y peth, a dyna lle buom ni'n ail-fyw'r noson fythgofiadwy honno.

Aeth y tri i garchar Wormwood Scrubs. O'r tri, am Saunders y poenwn fwyaf. Yr oedd yn wantan o gorff, fel y crybwyllais eisoes, ond yn waeth na hynny yr oedd yn ŵr siomedig. Er nad oedd wedi rhoi ei fryd ar fynd i'r carchar gobeithiai o waelod calon y byddai gweld tri dyn cyfrifol yn cael eu cloi mewn cell yn fodd i ysgwyd Cymru. Yn anffodus, fodd bynnag, ychydig iawn o ymgyrchu a gafwyd yn ystod y cyfnod hwnnw, yn bennaf am fod J. E. Jones, y trefnydd, yn wael. Euthum innau i gell o fath gwahanol.

'Roeddwn wedi bod trwy gyfnod anodd — gorfod gofalu am fy nhad yn ei waeledd, newid ysgol a wynebu her newydd, ymgyrchu caled dros y Blaid — ac ym mis Rhagfyr 1936 torrodd fy iechyd innau. Fe'm hanfonwyd i'r sanatoriwm yn Nhalgarth, un o sefydliadau'r King Edward the Seventh Memorial. Cabanau agored oedd yno a chofiaf, y noson gyntaf, imi deimlo'r oerni trwy'r cynfasau. Pan ddeffrois yn y bore 'roedd eira dros draed y gwely. Ond yn y man deuthum i ddygymod â'r oerni, er mawr syndod i Eluned, Nesta, John Gwilym a chyfeillion eraill a fyddai'n ymweld â mi'n gyson ac yn sgrytian gan annwyd yn eu cotiau mawr.

Cymuned o ryw fath oedd yn Nhalgarth a honno'n cael ei rheoli'n gaeth gan y swyddogion meddygol. Byddai'r holl gleifion yn cael eu graddio ar ddiwedd pob wythnos. Gorfodid rhai i aros yn eu gwelyau wedyn wrth gwrs; cawsai eraill, a minnau yn eu plith, fynd i gerdded a garddio a llifio coed. Yr oedd y drefn yn un gaeth — ffiwdal bron — ac mae arnaf ofn i mi dramgwyddo sawl gwaith: peidio â gwneud fy ngwely y ffordd iawn, er enghraifft. Cofiaf i ddau glaf gael eu troi o'r ysbyty unwaith am 'gamymddwyn'. Mynd allan i yfed y ddiod gadarn oedd pechod un ohonynt, a gwrthod llawdriniaeth a wnaeth y llall, athro ysgol a oedd wedi treulio tair blynedd yno. Aeth adref, ac er syndod i bawb gwellhaodd yn rhyfeddol a chafodd swydd fel prifathro yn un o ysgolion cynradd Llŷn.

Cyfnod byr a dreuliais i yn Nhalgarth, tri mis digon di-ddim ac eithrio cael cyfle i weithio ar y gyfres *Llyfrau Rhifyddeg Cymraeg* yr oedd R. E. Jones a minnau yn ei pharatoi ar y pryd. Cyhoeddwyd y llyfrau — mewn cyfres o dri — gan Wasg Aberystwyth ac 'roedd cyhoeddi llyfrau rhifyddeg yn y Gymraeg yn fenter go arloesol i unrhyw wasg yr adeg honno. Diau fod R.E. a minnau hanner canrif yn rhy fuan i wneud ein ffortiwn!

Craith ar un o'm hysgyfaint oedd gennyf, a phan ollyngwyd fi'n rhydd ymhen tri mis wedyn nid oedd y graith ddim gwaeth. Ni fu angen triniaeth, dim ond bywyd iach. Buasai wedi gwneud y tro i mi fod gartref yr un fath yn union a chael pelydr-x ar f'ysgyfaint ymhen tri mis.

Wedi cyfnod tawel o dri mis arall ar ôl dod adref cefais fynd yn ôl at fy ngwaith. Dyna pryd y cyrhaeddodd llythyr Val o'r carchar, llythyr y byddaf yn ei drysori am byth.

4 Mehefin, 1937

Annwyl OM,

Fe ddylwn fod wedi gyrru gair cyn hyn ond nid oeddwn yn hoffi cwtogi gormod ar y llythyr gartref. Llawen iawn o glywed fod golwg mor wych arnat ar waetha'r hir ddirwest. Gair o Gaergybi oddi wrth Mrs Saunders Lewis yn dweud dy fod yn edrych yn ddyn newydd. Wn i ddim pa lun fydd arnom ni pan ddown oddi yma ond bydd digon o angen holl gynnyrch dy ardd arnom os oes cynnyrch eleni. Mae gennyf ryw syniad fod Nesta yn awyddus i droi'r ardd yn gwrt tenis. Y mae'r daith y nos Sul honno fyth yn fy meddwl, y nos Sul y cerddodd J.E. a ni'n dau i lan y môr — a chrefu rwyf am noson fel honno eto — a siawns na chawn ni yn fuan.

'Rydym bellach ar y wal. Rhaid aros nes dod adref i ddehongli'r frawddeg ond ei hystyr yw bod dydd rhyddhad yn ymyl.

Yr ydym bellach wedi ennill pob gradd y gall carcharor ei hennill a chawn rai breintiau gwerth eu cael — cyd-gerdded, cyd-lefaru, a chyfrannu llawer cyfrinach . . . y Blaid a'i dyfodol. Y mae Dafydd wrthi y dyddiau hyn yn beirniadu storiau byrion — nid rhyfedd ei fod yn galw'r lle 'ma'n goleg — ond yn wahanol i bob coleg arall rydym yn dysgu llawer yma. Y llywydd yn wych bellach — yn rhyfedd ei egni fel arfer. Yr olwg ddiwethaf a gefais arno oedd yn myned yn chwyrn a chlamp o frws sgwrio dan ei gôt i roddi sgrwbad da i'w gell — ond cyfrinachau na ddylid eu hadrodd yw'r rhain.

Pa hwyl sy ar John Gwilym? Mi fynnwn i ti gyflwyno fy nghofion iddo ef ac i'w fam os ydy hi fyth yn fyw. Gofidiaf na chefais gyfle i alw heibio iddi cyn dwad yma. Dywed wrtho fy mod i'n meddwl llawer amdano. Na, nid wyf yn anghofio Nesta. Rwyf yn ei chyfarch a thrwyddi hi yn cyfarch holl ferched y Blaid yn y sir. Mae Nesta wedi addo gwau gwasgod werdd i mi, y mesur hyd breichiau Mrs Valentine. Rhaid iddi gadw'i gair eleni. Maddeuwch nodyn mor fler ond fy llaw a'm calon i chi. Cofion cynnes y tri ohonom atoch ac at J.E.

Val

Mae'n debyg bod y tri wedi cael eu trin yn weddol dda yn y carchar; D.J. wedi cael swydd yn y llyfrgell ac felly mewn sefyllfa i gael llyfrau i'r lleill; Saunders yn edrych ar ôl yr eglwys, y glanhau a'r cwbwl, a Val yn gofalu am ddillad yn y storws. Yr unig broblem sylweddol oedd fod Saunders wedi gorfod treulio peth amser yn yr ysbyty droeon oherwydd gwendid corfforol.

Ar y cychwyn 'roeddynt yn gweld ei gilydd ond heb hawl i siarad gair. Fel yr âi'r amser rhagddo, fodd bynnag, cawsant fwy o ryddid wrth ennill marciau am fyhafio. Aent i'r gwasanaethau yn yr eglwys ac yn ystod y canu siaradent â'i gilydd a chyfnewid negeseuon yn y llyfrau emynau.

Erbyn haf 1937 yr oedd nifer o bobl yn poeni am ddyfodol y tri. Gwelid gobaith y byddai Val a D.J. yn cael eu trin yn anrhydeddus gan eu cyflogwyr, ond yr oedd Saunders, yn rhannol oherwydd gweithredoedd dirmygedig Henry Lewis, pennaeth ei adran, eisoes wedi colli'i swydd darlithydd yng Ngholeg y Brifysgol, Abertawe. Trwy fwyafrif, 'roedd cyngor y coleg wedi penderfynu ei ddiswyddo, a hynny cyn i'r achos gyrraedd y llys. Dywedent fod un o'r cwmnïau masnachol a gefnogai'r coleg yn bygwth chwilio am gorff arall i'w noddi oni ddiswyddid Saunders.

Yn Ysgol Haf y Blaid yn y Bala y mis Awst hwnnw derbyniwyd cynnig y dylid gwneud rhywbeth i sicrhau gwasanaeth Saunders Lewis i'r genedl. Codi cronfa oedd y nod cyntaf a gofynnwyd i dri ohonom fynd yn gyfrifol amdani. Sefydlwyd pwyllgor bach: Griffith John Williams yn gadeirydd, Gwent Jones yn drysorydd a minnau'n ysgrifennydd. Y bwriad oedd gofyn i bobl gyfrannu swm blynyddol. Dyna dasg anodd. 'Roedd yn rhaid bod yn ofalus pwy a dderbyniai'r llythyrau gan nad oeddem am roi cyfle i neb wrthod yn gyhoeddus. Fe wrthododd un, serch hynny. Yn wir, 'roedd rhai a fuasai gynt yn bur amlwg gyda'r ymgyrch yn gyndyn o gyfrannu pan ddaeth yr alwad. Byddai R. Williams Parry yn gofyn bob tro y gwelwn ef 'Gawsoch chi arian gan hwn-a-hwn?'

Gŵr amlwg a fu'n gyndyn iawn ei gyfraniad oedd W. J. Gruffydd. Fe gyfrannodd yn y diwedd, ond nid y swm yr oedd wedi'i addo ychwaith, ac anfonodd ei siec at Saunders, nid i'r pwyllgor. Yr oedd rhai cyfeillion, Williams Parry yn eu plith, yn flin iawn wrtho am hyn.

Er gwaetha'r problemau, llwyddwyd i godi tri chant a deg ar hugain o bunnau, sef cyflog blynyddol Saunders yng ngholeg Abertawe, mewn symiau yn amrywio o chweugain i bum punt ar hugain. Y dasg nesaf oedd darbwyllo'r llywydd annibynnol, balch i dderbyn y tâl. Ysgrifennais ato a chefais ei ymateb. Yr oedd arno ofn deublyg: ofn brifo teimladau ei gyfeillion ac ofn colli ei annibyniaeth. 'A gytunwch,' gofynnodd, 'imi dderbyn am un flwyddyn ac os na ddaw rhywbeth imi gymryd fy siawns wedyn?' Dyna a fu. Gyda llaw, nid oedd unrhyw wirionedd mewn stori a ymddangosodd yn y *Faner*, sef bod Saunders Lewis ar glemio ac y byddai wedi clemio oni bai am Moses Griffith. Mae'n wir bod Moses Griffith wedi gwneud llawer iawn ond 'roedd yna hefyd ddegau lawer yn awyddus i gyfrannu.

Pan glywyd y byddai'r tri yn cael eu rhyddhau ym mis Medi cefais wahoddiad gan Griffith John Williams ac R. Williams Parry i deithio i lawr i Lundain. 'Rwyf am fod wrth borth y carchar pan ddôn nhw'n ôl i'r byd. Ddowch chi?' meddai Williams Parry. Yn anffodus, bu'n rhaid imi wrthod gan ei bod yn dymor ysgol, ond fe aeth J. E. Jones, J. E. Daniel a Moses Griffith. Mae llun ohonynt ar yr Embankment wedi i'r tri ddod allan.

Trefnodd pwyllgor Sir Gaernarfon o'r Blaid gyfarfod croeso yn y pafiliwn mawr yng Nghaernarfon, adeilad a ddaliai ryw ddeng mil o bobl. Dewiswyd pwyllgor bach eto, sef J. E. Daniel, J. E. Jones a minnau, i drefnu'r achlysur. Cyhoeddwyd pamffledyn dan y teitl 'Coelcerth Rhyddid' a oedd yn cynnwys cerddi newydd sbon — 'Y Gwrthodedig' gan R. Williams Parry ac 'Ma'r Hogia'n y Jêl' gan 'Yr Hwsmon', sef R. Williams Parry eto. Yn swyddogol, 'roedd y bardd ar streic, wedi digio am na chafodd ei benodi'n aelod amser-llawn o staff Adran y Gymraeg, Coleg y Brifysgol, Bangor. Ynghanol angerdd y cyfnod, fodd bynnag, mynnodd yr awen gael llais.

Am chwech o'r gloch yr oedd y cyfarfod i ddechrau, ond erbyn tri, 'roedd cannoedd o bobl yn sefyll y tu allan i'r pafiliwn a bu'n rhaid agor y drysau. Fi oedd yn gyfrifol am y stiwardiaid, drigain ohonynt. Dan gadeiryddiaeth J. E. Daniel rhoddwyd cyfle i D.J. a Valentine annerch y dorf. Bu pawb wedyn, dan arweiniad Ffowc Williams, fy mhrifathro, yn canu 'Gwŷr Harlech' ac yn gorffen â'r llinell anfarwol 'Annibyniaeth sydd yn galw am ei dewraf ddyn'. 'A dyma fo i chi,' meddai J. E. Daniel gan alw ar Saunders. Ni welais olygfa debyg erioed. Cododd y dyrfa fawr ar ei thraed i'w gyfarch ac yr oedd yntau, am ennyd, wrth ei fodd.

Mewn adroddiadau yn y papurau newydd wedyn, dywedodd rhai, a W. J. Gruffydd yn eu mysg, fod rhywbeth mawr wedi digwydd yng Nghaernarfon y diwrnod hwnnw. Yr oedd Saunders, fodd bynnag, yn ddigon call i sylweddoli mai chwilfrydedd — chwilfrydedd melys a derbyniol bid siŵr — a ddygodd y rhan fwyaf o bobl i'r pafiliwn, nid argyhoeddiad.

Aeth D. J. Williams yn ôl at ei waith ar wahoddiad llywodraethwyr ei ysgol yn Abergwaun, wedi llawer o lusgo traed ar eu rhan. Gwyddai Val cyn gadael y carchar fod ei ddyfodol yn sicr. Yr oedd eglwys y Tabernacl, Llandudno, mewn cyfarfod cyffredinol o'r aelodau wedi penderfynu ei gadw'n weinidog. Dyna ichi'r gwahaniaeth rhwng gwerinwyr a'r bobl a oedd i fod i arwain ym mywyd addysgol Cymru. Un yn unig a bleidleisiodd yn ei erbyn yn y Tabernacl — Rhyddfrydwr mawr a oedd, ychydig cyn y llosgi, wedi digio wrtho am iddo wrthod newid ei gyhoeddiadau pregethu er mwyn i Lloyd George fod yn bresennol mewn gwasanaeth. Fel hyn y bu: dywedodd y gŵr fod Lloyd George yn dymuno clywed Val yn pregethu. 'Popeth yn iawn,' meddai Val, 'mi gaiff ddod y Sul nesaf. Yn y capel bach y bydda' i'n pregethu'r bore ac yn y Tabernacl yr hwyr.' Am ryw reswm ni allai Lloyd George ddod i oedfa'r hwyr. 'Dowch i'r Tabernacl yn y bore,' meddai'r dyn. Gwrthododd Val newid y trefniadau ac fe bwdodd y brawd hwnnw, ond pleidleisiodd ei wraig o blaid ei gweinidog.

Aeth Saunders toc yn athro i ysgol Babyddol Castell Brychan, Aberystwyth, ac i ysgrifennu i'r *Faner*. Parhaodd am gyfnod yn llywydd y Blaid ond mynnodd roi'r gorau iddi cyn bo hir. Dyma fel yr eglurodd ei benderfyniad mewn llythyr ataf yng Ngorffennaf 1939:

Annwyl O.M.,

Y mae'n dda dros ben gennyf glywed eich bod am briodi fis Awst. Fe ddengys hynny fod eich iechyd wedi ei ennill yn weddol ddiogel a'ch bod yn medru darparu mor hyderus â'r rhelyw ar gyfer byw! Lwc fawr i chwi. Yn wir, lwc fawr a gawsoch eisoes; gwelais ddigon ar eich dyweddi i hoffi'n fawr ei glendid a'i mwyndra a'i bonedd. Felly, hwrê.

Ond peidiwch â gofidio amdanaf innau fel am un hollol golledig. Nid wyf yn ymadael â'r Blaid! Mi gymeraf yn ganiataol mai Daniel a etholir yn llywydd. Yn awr y mae ef yn un o'm ffrindiau pennaf i a golyga ei lywyddiaeth ef (1) na bydd newid polisi na dulliau gweithio (2) y gallaf i ei helpu ym mhob argyfwng os bydd angen penderfyniadau pwysig (3) fod y blaid yn cael siawns i ddysgu byw heb ddibynnu ar enw un dyn, a chaiff Jack Daniel hefyd brofiad o gyfrifoldeb fydd yn help mawr i'r dyfodol.

Y rheswm gwir dros fy ymddiswyddo yw fod fy mywoliaeth bellach yn dibynnu ar fy ysgrifennu, a bod hynny'n llyncu cymaint o'm hamser fel na allaf o gwbl wneud gwaith *routine* y llywyddiaeth. Ni allaf ddyfod dros hynny, ac ni welaf y gellir. Yr wyf mor hy â meddwl fod fy ngwaith ar y Faner hefyd yn mynd i fod mor werthfawr i'r Blaid â phe buaswn yn aros yn enw o lywydd iddi. Tra bu Prosser Rhys yn wael myfi fu'n gwneud Cwrs y Byd oll; ni wn a bery hynny wedi iddo ddychwelyd; ond y mae'r tudalen hwnnw — meiddiaf gredu — gystal â Draig Goch wythnosol i Gymru. Gwelwch fel yr wyf yn ymhoywi! Y mae'r ffaith fod cylchrediad y Faner yn cynhyddu er bod Cwrs y Byd mor bendant genedlaethol Gymreig ei safbwynt yn un peth sy'n codi llawer ar fy nghalon i.

A'r peth arall yw hyn: fod yr ysgrifau llenyddol yn y Faner yn golygu gwaith pur galed bob wythnos. Ar ddiwedd pob un ohonynt byddaf wedi blino fel na fedraf fel cynt fynd o gwmpas i annerch cyfarfodydd a dyfod i gysylltiad personol â changhennau'r Blaid fel y dylai'r llywydd. Yn wir, am y tro cyntaf yn fy mywyd mi wn y flwyddyn hon beth yw gweithio hyd at flino'n drwyadl. Pe ceisiwn gadw'r llywyddiaeth hefyd, mi wn na allai fy iechyd ddal.

Dyna fi wedi sgrifennu apologia hirfaith atoch — gwelwch fel y bu i'ch llythyr fy mhigo! Ond yn wir nid dianc rhag cyfrifoldeb yr wyf, ond derbyn yr hyn a ddug anghenraid arnaf ac ymroi i'r unig waith sydd ar unwaith yn rhoi bywoliaeth ac annibyniaeth imi a rhoi cyfle hefyd i wneud y peth a hoffaf mewn beirniadaeth lenyddol a gwleidyddol.

Maddeuwch fy hirwyntedd.

Cofion cynhesaf,
Saunders Lewis

Gallaf gredu ei fod wedi blino'n gorfforol ond yn anad dim yr oedd y genedl a'r Blaid wedi ei siomi am nad oedd rhyw lawer wedi cael ei wneud tra bu'r tri yn y carchar. Yn sicr, gellir synhwyro ei siom mewn llythyr arall a dderbyniais oddi wrtho ymhen blwyddyn go union, llythyr yn ateb gwahoddiad i annerch Cyfarfod Cyhoeddus yn Llandudno:

Hen Dŷ Abermad,
Llanfarian,
Aberystwyth.
4ydd Sul wedi'r Sulgwyn 1940
(Ni wn y dyddiad!)

Annwyl O.M.,

'Wn i ddim a fydd modd dyfod o Aberystwyth i Landudno y gaeaf nesaf. Bydd y trên yn amhosib, mae'n siŵr, ac y mae'n agos mor siŵr na bydd gennyf betrol os bydd gennyf gar. Felly ni wn sut i'ch ateb. A gaf i ddweud — dof os bydd modd ond nid ymrwymaf. Efallai erbyn hynny y bydd pencadlys y llynges Seisnig yn Llandudno ac yr anfonant hwy destroyer i'm nôl.

Yr wyf innau'n pendroni cryn dipyn ynghylch y blaid. Ond wedi dyfod o'r diwedd i dybio, gan ein bod yn lleiafrif mor ddibwys ar hyn o bryd yng Nghymru, ac yn lleiafrif mor egwan-galon hefyd, mai cadw mewn bod yw'r peth gorau y gellir ei obeithio y dyddiau hyn, ac efallai y daw ein cyfle wedi i'r frwydr dorri allan ar ddaear Lloegr neu Gymru ei hun. Pan na fydd gan y Cymry ddim wedi ei adael i'w golli, efallai wedyn y trôn' yn genedlaetholwyr parod i ymladd. Ond nid cyn hynny.

Cofiwch fi'n garedig at Mrs. Roberts ac at y cyfeillion yn Llandudno.

Yn gu iawn,
Saunders Lewis

Llwyddodd i gyrraedd Llandudno er gwaethaf yr anawsterau teithio, ac 'roedd Neuadd y Dref dan ei sang. Cyn dechrau'r cyfarfod, wrth i ni gerdded i'r neuadd o ryw ystafell gefn, trodd Saunders at offeiriad Pabyddol di-Gymraeg a safai gerllaw a dweud wrtho, *'Pray for me!'*

Etholiadau Seneddol

Yr wyf wedi sôn eisoes am etholiad cyntaf y Blaid yn 1929 ac am y 609 a gefnogodd Lewis Valentine ond saif ambell etholiad seneddol arall yn y cof, yn enwedig yr etholiad am sedd Prifysgol Cymru yn 1943 — y butraf ohonynt i gyd. Penodwyd Ernest Evans, aelod seneddol Rhyddfrydol Prifysgol Cymru, yn Farnwr cylchdaith llysoedd sirol Gogledd Cymru gan achosi etholiad achlysurol am sedd Prifysgol Cymru a ymladdwyd yn Ionawr 1943. Yr oedd dealltwriaeth rhwng y pleidiau mawr nad aent i ymgiprys â'i gilydd yn ystod y rhyfel. Os âi sedd yn wag byddai'r blaid a ddaliai'r sedd honno yn ei chael yn ddiwrthwynebiad. Felly, ni fyddai'r Blaid Lafur na'r Blaid Dorïaidd yn enwi ymgeisydd.

Rhuthrodd y Blaid Genedlaethol i gyhoeddi ei bod yn bwriadu ymladd am y sedd ac mai Saunders Lewis a fyddai'r ymgeisydd. Pe bai'r Blaid wedi atal ei llaw a gohirio enwi mae'n debyg y buasai'r Blaid Ryddfrydol wedi enwi Mrs Jane Clement Davies; dyna'r si oedd ar led bryd hynny. Ond wedi clywed mai Saunders Lewis oedd dewis ddyn y Blaid aeth ei wrthwynebwyr i banig ac yn y papurau ac ar lafar clywyd enwi tuag ugain o bobl amlwg fel ymgeiswyr posibl. Rhaid oedd chwilio am Gymro enwog a chymeradwy a fyddai, yn ôl y *Faner*, 'nid yn unig yn cipio'r bleidlais uniongred, eithr hefyd nifer dda o'r bleidlais Gymreig.'

Cafwyd dyn oedd yn gymeradwy i fandariniaid y Brifysgol ac i Gymdeithas Ryddfrydol y Brifysgol. Y dyn hwnnw oedd yr Athro W. J. Gruffydd: Cymro mawr, ysgolhaig, bardd, llenor a dadleuwr cadarn dros hawliau dynol. Ni ellid cael ymgeisydd cryfach i rwystro Saunders Lewis, a dyna oedd amcan y dewis.

Ni chlywid fawr ddim am bolisïau yn ystod yr ymgyrch etholiadol; pardduo Saunders Lewis oedd y propaganda ac ar flaen y gad yr oedd y *Western Mail*. Cyhoeddwyd ynddo lythyrau ac erthyglau gyda'r ffyrnicaf a ddarllenais erioed.

Syndod a siomiant i aelodau'r Blaid Genedlaethol, ac i lawer eraill, oedd y ffaith fod W. J. Gruffydd wedi cytuno i sefyll fel ymgeisydd Rhyddfrydol, a'i fod yn cytuno hefyd i gymryd y chwip Ryddfrydol. Onid ef oedd y gŵr a gadeiriai'r cyfarfod protest ym Mhwllheli yn erbyn yr Ysgol Fomio; onid ef oedd Is-lywydd Plaid Genedlaethol Cymru tra oedd y tri yng ngharchar ac onid ef a ymgyrchai gydag R. Williams Parry ac eraill dros roddi ei swydd yn ôl i Saunders Lewis? Nid rhyfedd i rai o'i gyfeillion geisio ei ddarbwyllo ac i ambell un fel D. J. Williams ddweud pethau plaen iawn yn ei lythyr at Gruffydd: 'Teimlaf eich bod yn chwarae i ddwylo'r Philistiaid, y bobl hynny y buoch yn ymladd mor lew yn eu herbyn. "Yr henwyr wedi oeri eu gwaed" a'r rhai heb waed o gwbl ynddynt fydd yn gorfoleddu yn y dyrchafiad hwn i Gymro.' (16.11.42) Ac yn ddiweddarach (30.11.42): 'A fedrwch chi ddal am foment fod cysondeb egwyddor rhyngoch yn awr a'r pryd hwnnw? Y mae eich cydwybod chi wedi cael mwy nag un tro yn ystod y blynyddoedd diwethaf yma.'

Nid oedd dim yn tycio; ymlaen yr aeth yr ymgyrch. Y *Western Mail* yn bytheirio, *Y Cymro* yn fwy cymedrol gyda'i bropaganda o blaid W. J. Gruffydd, a'r *Faner* yn anelu ambell saeth flaenllym o blaid Saunders Lewis.

Cynhaliwyd ambell gyfarfod cyhoeddus a chafodd Saunders groeso cynnes. Cofiaf un cyfarfod llewyrchus iawn ym Mae Colwyn gyda D. R. Hughes yn cadeirio, ond yn anffodus pobl heb bleidlais yn etholiad y Brifysgol oedd y rhan fwyaf o'r gynulleidfa.

Cyfrifwyd y pleidleisiau fore Sadwrn, Ionawr 30. Yr oedd mwyafrif W. J. Gruffydd yn 1768, mwy na'r disgwyl. Collwyd cyfle i anfon i senedd Lloegr aelod a allai fod wedi cyflwyno achos Cymru gyda grym ac argyhoeddiad. Aelod seneddol difrifol o sâl fu Gruffydd.

Yr oedd Saunders Lewis yn dra chyfarwydd ag ymosodiadau arno ef yn bersonol ond ni chlywais ef yn cwyno oherwydd hynny tan ar ôl etholiad y Brifysgol. Y tro hwn yr oedd wedi ei frifo. Cwynai fod W. J. Gruffydd wedi bwriadol gamddehongli ei farddoniaeth a defnyddio'r camddefnydd i geisio profi mai ffasgydd ydoedd.

Bu is-etholiad arall cyn diwedd 1945. Aeth D. Lloyd George i Dŷ'r Arglwyddi gan achosi is-etholiad ym Mwrdeisdrefi Arfon. Yn unol â'r drefn adeg rhyfel, y Blaid Ryddfrydol yn unig a ddisgwylid i enwi ymgeisydd, sef Dewi Seaborne Davies yn yr achos hwn. Yn groes i'r drefn, fodd bynnag, enwodd y Blaid yr Athro J. E. Daniel a chafwyd etholiad bywiog iawn, yn enwedig yn ardal Llandudno a Chonwy. 'Roedd yr *Inland Revenue* wedi ymsefydlu yn Llandudno ac yn eu mysg 'roedd aelodau o bob plaid gan gynnwys y comiwnyddion a phan drefnwyd cyfarfod cyhoeddus yn Neuadd y Dref, Llandudno daeth tyrfa fawr ynghyd a honno'n un eithriadol o fywiog. Caed cwestiynau lawer a thrafodaethau diddorol rhwng ymgeisydd galluog y Blaid Genedlaethol a'r gwrandawyr. Yn wir, bu'r ymgyrch yn y rhan hon o'r etholaeth yn un rymus a diddorol, ond wrth gwrs, yr ymgeisydd Rhyddfrydol a gafodd fwyafrif y pleidleisiau.

Ar ôl y rhyfel aildrefnwyd etholaethau seneddol Sir Gaernarfon a diddymwyd etholaeth y Bwrdeisdrefi. Daeth etholaeth Conwy i fod ac fe'm cefais fy hun yn gadeirydd y pwyllgor rhanbarth ac yn asiant i'r ymgeisydd cyntaf yn yr etholaeth, Ioan Bowen Rees. Yma hefyd y bu R. E. Jones yn ymgeisydd, a da y cofiaf y Dafydd Elis Thomas ifanc yn mentro i'r maes gwleidyddol. Ychydig a feddyliwn ar y pryd fy mod yn lansio gwleidydd a ddeuai'n Llywydd y Blaid ac, o bopeth, yn aelod o Dŷ'r Arglwyddi. Rhyfedd yw troeon yr yrfa.

Pleidleisiais ym mhob etholiad cyffredinol er 1929, a hynny i ymgeisydd a gollodd yr ernes bob tro ac eithrio'r etholiad am sedd y Brifysgol. Mae gennyf un cysur, fodd bynnag, sef fy mod bron bob tro wedi pleidleisio i'r ymgeisydd cryfaf! Go brin y caf y pleser o gefnogi ymgeisydd llwyddiannus yn Etholaeth Conwy.

Ysgol Degannwy ac Ysgol Maelgwn

Yn gynnar yn y flwyddyn 1943 ymddangosodd hysbyseb am brifathro dros dro yn ysgol gynradd Degannwy; 'roedd y prifathro ar y pryd wedi gwirfoddoli i'r Llu Awyr. Er mai mewn ysgolion uwchradd y bûm yn dysgu, ac eithrio'r cyfnod yn Llundain, penderfynais wneud cais am y swydd yn ysgol Degannwy gan fod yr ysgol ryw filltir o'm cartref yn Llan-rhos. Cefais y swydd ac 'roeddwn wrth fy modd yno o'r diwrnod cyntaf. Er mor Seisnigaidd oedd Degannwy treuliais ddwy flynedd hapus ryfeddol yno a phenderfynais mai mewn ysgol gynradd y treuliwn weddill fy nyddiau fel athro. At ei gilydd, 'roedd plant cynradd yn fwy brwdfrydig a bywiog na phlant hŷn.

Ar ddiwedd y rhyfel daeth prifathro ysgol Degannwy yn ôl o'r Llu Awyr ac fe'm hanfonwyd i Ysgol Maelgwn, Cyffordd Llandudno. 'Roedd E. D. Rowlands, y prifathro (awdur *Dyffryn Conwy a'r Creuddyn*) yn wael, ac yno y bûm yn ystod ei waeledd ac am ychydig wythnosau gydag ef cyn iddo ymddeol. Hysbysebwyd ei swydd, dros dro, gan na wneid penodiadau sefydlog nes i'r dynion i gyd ddychwelyd o'r rhyfel. Cefais y swydd ac ymhen ychydig fisoedd daeth cadarnhad fod y swydd yn sefydlog.

Yr oedd cryn wahaniaeth rhwng Ysgol Maelgwn ac ysgol Degannwy. Yn y Gyffordd, deuai tua hanner y plant o gartrefi Cymraeg ond, yn rhyfedd iawn, ni fedrai rhai ohonynt siarad Cymraeg. Gweithio ar y lein (LMS) a wnâi llawer o'r tadau, ac eraill gyda chwmni Crosville. Merched oedd y cyfan o'r staff pan euthum i yno, ond cyn fy mod wedi ymadael 'roedd yno chwech o ddynion, sef tua'r hanner. Credaf yn gydwybodol y dylai staff ysgolion cynradd gynnwys dynion a merched, yn enwedig pan fo'r ysgolion yn fawr. Gan fod tua'r drydedd ran o'r disgyblion yn siarad Cymraeg, 'roedd hi'n bosib' trefnu dosbarthiadau trwy gyfrwng y Gymraeg, ond gyda threigl amser lleihau a wnâi nifer y Cymry Cymraeg a buan y gwelwyd fod angen adran Gymraeg ar ei phen ei hun. Daeth y galw am sefydlu ysgol Gymraeg oddi wrth Gyngor yr Eglwysi Rhyddion yn cael eu cefnogi gan amryw o'r rhieni. Yn ffodus, 'roedd adeilad hwylus dros y ffordd i'r ysgol ac yno y sefydlwyd yr Adran Gymraeg gyda dwy athrawes yn gofalu amdani.

Pe baech yn gofyn i rieni Cyffordd Llandudno — a mannau eraill o ran hynny — beth a wnâi ysgol dda, yr ateb yn ddi-feth fyddai: y nifer o blant oedd yn pasio'r *scholarship*; hynny yw, faint o'r plant oedd yn cael mynediad i'r ysgol ramadeg, Ysgol John Bright yn Llandudno. Byddai fy nghalon yn gwaedu dros rai o'r plant aflwyddiannus gan ffyrniced oedd agwedd eu rhieni tuag atynt. Cofiaf un fam a oedd wedi addo wats yn anrheg i'w merch pe bai'n pasio'r *scholarship*. Methu fu hanes yr eneth fach, ac ni chafodd y wats er bod y fam eisoes wedi ei phrynu. Teimlwn fod hynny'n greulon ac fe wylltiais yn gacwn a dweud wrth y fam honno beth a feddyliwn ohoni. Hyd y cofiaf dyna'r unig dro i mi golli fy limpyn hefo rhiant!

Newidiwyd y drefn o ddewis plant ar gyfer yr ysgol ramadeg: diddymwyd yr arholiad a rhoed y cyfrifoldeb o awgrymu enwau yn nwylo'r prifathro. 'Roedd hynny'n waith anodd, ac nid rhyfedd i aml riant wgu a chollfarnu'r prifathro. Daeth ymwared pan sefydlwyd ysgolion uwchradd cyfun; wedyn âi'r plant i gyd i'r un ysgol.

Cyn sefydlu ysgolion cyfun 'roedd hi'n demtasiwn i ysgolion ganolbwyntio ar bynciau'r arholiad ac anwybyddu pynciau cyffredinol ac ymarferol fel hanes, daearyddiaeth, gwaith llaw, ymarfer corff, arlunio a cherddoriaeth. Gan fod Ysgol Maelgwn yn ysgol weddol fawr a nifer yr athrawon yn sicrhau bod arbenigedd yn eu plith 'rwy'n dawel fy meddwl ein bod wedi rhoi chwarae teg i'r pynciau i gyd. 'Roedd llwyddiant yr ysgol yn Eisteddfodau'r Urdd yn amlwg, yn enwedig ar yr ochr gerddorol, a gwelwyd gwaith rhai o'r plant yn arddangosfa flynyddol y *Cambrian Academy of Art* yng Nghonwy. Ac wrth gwrs, byddai'r tîm pêl-droed rywle yn agos i'r brig bob blwyddyn!

Bûm yn brifathro Ysgol Maelgwn am un mlynedd ar hugain, ac yn bur hapus yno ac eithrio cyfnod o salwch yn y flwyddyn 1950. Wedi hynny bu'n gyfnod eithriadol o foddhaol a hapus.

Yn gymdeithasol hefyd bu'n gyfnod prysur a diddorol. Yn 1959 sefydlwyd Cymdeithas Gruffudd ap Cynan yng nghylch Conwy, Cymdeithas sydd hyd heddiw yn cyfarfod yn rheolaidd ar nos Fawrth olaf y mis rhwng Medi a Mawrth. Y prif symbylydd oedd W. R. Hughes a weithiai ym manc y National Westminster yng Nghonwy, a'r Llywydd cyntaf oedd y diweddar Brifardd G. J. Roberts, ficer Conwy. Ceir rhywle ar draws deugain o aelodau, yn ddynion a merched, ac ar hyd y blynyddoedd llwyddwyd i gael rhai o bobl amlycaf y genedl i ddod atom i'n hannerch; y darlithydd cyntaf un, yn ôl yn 1959, oedd y Parchedig E. Tegla Davies. Dylwn nodi hefyd fod y Gymdeithas yn cynnal cystadlaethau ysgrifennu blynyddol i ddisgyblion ysgolion cynradd ac uwchradd y cylch a chyhoeddir gwaith y buddugwyr yn ein papur bro, *Y Pentan.*

★　　★　　★　　★

Ar ôl cael fy mhenodi'n brifathro Ysgol Maelgwn a symud i fyw yn Overlea Avenue, rhwng Degannwy a'r Gyffordd, yr oedd yn naturiol imi gymryd mwy o ddiddordeb yn y Fwrdeisdref, sef Conwy, Cyffordd Llandudno a Degannwy, bwrdeisdref ddiddorol a gafodd ei siarter yn 1284; Degannwy gydag olion hen gastell Maelgwn Gwynedd a'r Gloddaeth a Bodysgallen; Conwy gyda'r castell Normanaidd, yr Hen Eglwys a'r Plas Mawr, a oedd yr adeg honno yn gartref i'r *Cambrian Academy of Art.*'Roedd Cyffordd Llandudno yn fwy diweddar, pentref diwydiannol a ddibynnai yn bennaf ar gwmni rheilffyrdd yr LMS, Crosville a ffatri Hotpoint. Yn weinyddol, rhannwyd y Fwrdeisdref yn bum ward: dwy yng Nghonwy, dwy yn y Gyffordd ac un yn Negannwy, gyda'r pencadlys ar safle delfrydol yng Nghonwy.

Ym mis Mai 1952 penderfynais sefyll etholiad yn un o wardiau Cyffordd Llandudno. Enillais y sedd gyda mwyafrif go sylweddol a bûm yn aelod hyd nes yr euthum i fyw yn Nyffryn Conwy.

Yr oedd ugain o aelodau ar y cyngor, pymtheg o gynghorwyr a phump o henaduriaid. Cymry Cymraeg oedd y rhan fwyaf o'r aelodau ond Saesneg a siaredid yn gyffredinol ac nid oedd sôn am offer cyfieithu. Yr oedd y cynghorwyr yn gyfrifol am Bont Telford fel aelodau o 'Gomisiynwyr y Bont', a maer y Fwrdeisdref oedd Cwnstabl y Castell.

Gan fod Bwrdeisdref Conwy yn berchen nifer helaeth o dai cyngor a rhestr hir o ddarpar-denantiaid, deuai pobl i'n tŷ ni yn fynych i ymbil am un o'r tai. Byddai Cymraeg rhai ohonynt yn rhyfedd ac ofnadwy, ond stryffaglio gorau y medrent a wnaent gan dybio bod ganddynt well siawns wrth siarad Cymraeg. Mabwysiadodd y cyngor gynllun pwyntiau a ddibynnai ar wahanol amgylchiadau megis nifer y plant yn y teulu, sawl blwyddyn y buont ar y rhestr, ac a oeddynt yn frodorion o'r fwrdeisdref, ond hyd yn oed gyda'r cynllun hwn gorchwyl anodd oedd sicrhau tegwch rhwng y darpar-denantiaid.

Yn y flwyddyn 1955 dewiswyd Miss Agnes Hughes, cyfreithwraig o Gonwy, yn Faer — y ferch gyntaf i fod yn Faer Conwy — ac fe'm dewisodd i yn Ddirprwy Faer. Ymhen dwy flynedd 'roedd hi a minnau mewn tipyn o sgarmes. Erbyn hynny y Cyrnol Bernard Robertson oedd y Maer a gofynnodd i'r cyngor ei gefnogi i roddi Rhyddfraint y Fwrdeisdref i'r *Royal Welch Fusiliers*. Dadleuodd Miss Hughes yn erbyn a gwneuthum innau yr un modd. Yr oedd gennyf ddau reswm dros wrth-wynebu: gwrthwynebwn filitariaeth (*'glorifying militarism'* oedd yr ymadrodd a ddefnyddiais) a chredwn hefyd mai i unigolyn am ei wasanaeth i ddynoliaeth y dylid cyflwyno'r rhyddfraint. Bu dadlau poeth ond penderfynu cyflwyno rhyddfraint Bwrdeisdref Conwy i'r R.W.F. a wnaeth y cyngor, a hynny gyda mwyafrif mawr. Pechais yn anfaddeuol, ac nid yn erbyn y cynghorwyr yn unig. Buan y sylweddolais fod fy agwedd wedi tramgwyddo'r cyhoedd a hyd yn oed rhai o'm cydnabod. 'Roedd trigolion tre'r garsiwn a Saeson Degannwy yn anwybyddu Eluned a minnau! Y flwyddyn ddilynol rhaid oedd ymladd etholiad ac 'roeddwn yn ffodus mai yn un o wardiau'r Gyffordd yr ymladdwn. Llwyddais ond syrthiodd fy mwyafrif o dros dri chant i lawr i ugain!

Yng nghyfarfod cyntaf y cyngor yn 1959 fe'm dewiswyd yn Faer, trwy fwyafrif, a'r orchwyl gyntaf oedd trefnu Sul y Maer. Fel rheol yn Eglwys y plwyf — hen eglwys hanesyddol a lle delfrydol — y cynhelid y gwasanaeth ond yr oeddwn i'n awyddus i gynnal y gwasanaeth mewn capel. Gan fod capel Caersalem, y Gyffordd, yn rhy fychan, cynhaliwyd y gwasanaeth yng nghapel Carmel, Conwy. Y drefn arferol oedd cael gorymdaith trwy'r dref gyda band ar y blaen. Cynigiwyd gwasanaeth band y *Royal Welch Fusiliers* i mi ond gwrthodais, a gofyn am fand Llanrug, band fy hen bentref. Pechais eto! Fel rheol byddai pobl Conwy yn finteioedd hyd y stryd i weld yr orymdaith, ond y tro hwn nid oedd fawr neb ohonynt allan. Cafwyd gorymdaith heb garfan o filwyr a heb gangen leol y Lleng Brydeinig, ond 'roedd plant yr Urdd yno. Cerddem trwy'r strydoedd, a'r palmentydd bron yn wag ond 'roedd y capel yn orlawn o Gymry Cymraeg. Pregethwyd gan Gaplan y Maer, y Parchedig Huw Whomsley a chymerwyd rhan gan y Parchedig J. W. Jones, gweinidog Carmel.

Bu'r flwyddyn yn un ddiddorol dros ben i mi ac yn un bwysig yn hanes Conwy. Rhoed terfyn ar godi toll am groesi pont enwog Telford. 'Roedd y tagfeydd traffig wedi mynd yn fwrn ar y sawl a deithiai trwy Gonwy ond, nos Sul, Tachwedd 30, am hanner nos, cliriodd yr heddlu'r ffordd i mi dramwy dros Bont Telford mewn cerbyd ysgafn yn cael ei dynnu gan gob Cymreig. Gofynnais — yn Gymraeg — am y tocyn toll olaf, ac mae'r tocyn hwnnw wedi ei fframio yn y Guild Hall, Conwy. Fy nymuniad oedd marchogaeth dros y bont ond nid oedd neb yn fodlon mentro rhoi benthyg ceffyl imi!

Bu tynged yr hen bont enwog yn destun dadl am wythnosau. Mynnai rhai ei dymchwel; mynnai eraill ei chadw. Trefnwyd refferendwm a phenderfynwyd ei chadw ond bu'n rhaid ei throsglwyddo i ofal y Weinyddiaeth Drafnidiaeth.

Ymhen pythefnos, ar y trydydd ar ddeg o Dachwedd, agorwyd y bont newydd gan yr Ysgrifennydd Cartref, Henry Brooke. Cyngor Sir Gaernarfon, fel asiant i'r llywodraeth, oedd yn gyfrifol am y priffyrdd ac yn rhannol gyfrifol, gyda Bwrdeisdref Conwy, am y seremoni agoriadol. Daeth cannoedd, onid miloedd, i'r agoriad swyddogol, a phan gerddwn gyda'r Gweinidog dros y bont ofnwn y byddai rhai o'r bobl yn protestio gan fod Henry Brooke yn amhoblogaidd oherwydd ei ymwneud â Thryweryn. Yn wir, clywais ambell lais yn gweiddi 'Tryweryn!'

Yr oedd trigolion Conwy a phawb a dramwyai trwy'r dref yn gobeithio fod dyddiau'r tagfeydd traffig ar ben. Yr oeddwn innau o'r un farn, a haerais yn y seremoni agoriadol: 'Y mae hi'n ddydd o lawen chwedl yng Nghonwy heddiw. Er hardded hen Bont Telford methodd ers blynyddoedd â hyrwyddo trafnidiaeth ar hyd-ddi. Blinderus a thrafferthus fu'r teithio a diflas yr aros am gyfle i groesi afon Conwy. Ond heddiw agorwyd pont gadarn a hardd, ac arni cyn pen ychydig funudau fe wibia pob math o gerbydau yn rhydd . . .' Gau broffwydoliaeth os bu un erioed! Bu'n rhaid disgwyl nes agor y twnnel cyn y lleddfwyd problem trafnidiaeth yng Nghonwy.

I ddathlu agor y bont newydd llif-oleuwyd y castell a Phont Telford. Daeth cannoedd ynghyd i weld yr arddangosfa.

Yn y flwyddyn 1835 daeth gŵr o'r enw Sir David Erskine yn denant Castell Conwy am chwe swllt ac wyth geiniog y flwyddyn ac ar yr amod fod gan unrhyw un o deulu Barwn Conwy hawl i fynnu platiad o wyniaid gan y Maer pe digwyddai un ohonynt fod yn y dref. Ym mis Awst 1958 cefais lythyr gan y 'Marquis of Telford' yn dweud y byddai yng Nghymru yn y dyfodol agos, a'i fod yn dymuno hawlio platiad o wyniaid gan Faer Conwy. Dyna'r tro cyntaf i un o'r teulu wneud hynny! Yn anffodus i'r Ardalydd, ym misoedd Chwefror a Mawrth y daw gwyniaid i fyny afon Conwy ac nid oedd dim i'w wneud ond cyflwyno un o eogiaid yr afon iddo. Gwnaed hynny ddydd Sadwrn, Awst 23.

Un seremoni flynyddol ddifyr oedd ymweliad aelodau o Fwrdd Dŵr Conwy a Bae Colwyn â Llyn Cowlyd, lle ceid y cyflenwad dŵr. Yr arferiad oedd teithio peth o'r ffordd i gyfeiriad y llyn mewn lori ac yna gorffen y daith ar drên bach bob cam at y llyn. Wedi cyrraedd y llyn byddai'r peiriannydd yn annerch yr aelodau, ac yn ddifeth y frawddeg gyntaf fyddai, 'Hyd yn oed pe na bai'n glawio am ddeng mlynedd mae digon o ddŵr yn Llyn Cowlyd i gyflenwi anghenion trigolion Bwrdeisdref Conwy a Bae Colwyn.' Gyda'r sicrwydd yna hawdd oedd mwynhau picnic ar lan y llyn.

Yn Ebrill 1966 symudais i fyw yn Nyffryn Conwy a gorffen fy nghyfnod ar Gyngor Bwrdeisdref Conwy yn 1967.

Mainc yr Ynadon

Pan oeddwn yn ifan bûm yn ymhel â'r syniad o fynd yn dwrnai. Cefais gynnig lle fel prentis yn swyddfa Pentir Williams ym Mangor ond ni chefnogai fy nhad y syniad. Daeth cyfle i eistedd ar Fainc Ynadon Conwy a Llandudno pan oeddwn yn Faer Bwrdeisdref Conwy. Yr adeg honno, yn rhinwedd eu swyddi, byddai Cadeirydd Cyngor Tref Llandudno a Mae Bwrdeisdref Conwy yn aelodau o'r Fainc Ynadon am flwyddyn. Ymhen ychydig ar ôl hynny daeth llythyr oddi wrth yr Arglwydd Ganghellor yn dweud bod Pwyllgor Ynadon Sir Gaernarfon wedi fy newis yn Ynad Heddwch. Bûm mewn cryn benbleth p'run ai derbyn y gwahoddiad ai peidio oherwydd bod fy mhrofiad am flwyddyn ar y Fainc wedi dangos i mi mai ychydig a allai'r aelod ei wneud i newid y drefn o ddelio â throseddwyr. Rhaid oedd gweithredu o fewn cyfyngiadau'r gyfraith. Dyletswydd clerc y llys oedd goleuo'r ynadon ynglŷn â'u hawliau wrth ddedfrydu troseddwr, a siom o'r mwyaf oedd sylweddoli yn aml nad oedd unrhyw ddedfryd ond carchar yn bosibl. Fe'm llwyr argyhoeddwyd nad yw carchar yn gwneud dim i wella cyflwr y troseddwr ac mai'r unig gyfiawnhad dros garcharu yw sicrhau na all troseddwr ffyrnig fod â'i draed yn rhydd i beryglu einioes ei gyd-ddynion. Erbyn hyn gellir gorchymyn troseddwr i gyflawni dyletswyddau cymdeithasol os tybia'r ynadon fod gobaith gwella ei agwedd tuag at ei gyd-ddyn.

Yng nghylch Llandudno rhaid fyddai trafod troseddwyr

a ddeuai'n gyson ar benwythnosau i fwrglera ac i ddwyn. Gwelid yr un hen wynebau dro ar ôl tro, rhai ohonynt wedi bod mewn carchar fwy nag unwaith. Yn yr eithaf arall ceid gwragedd lleol yn eu dagrau ar ôl cael eu dal yn dwyn o un o'r siopau. Ambell un wedi rhoi rhywbeth yn ei bag yn ddifeddwl! Gwaith anodd oedd penderfynu a oedd tyst neu droseddwr yn dweud y gwir. Credaf imi wrando ar gelwyddau lawer gan dystion a oedd wedi cymryd eu llw ar feibl i ddweud y gwir.

Ychydig o amrywiaeth a geid yn yr achosion; troseddau yn erbyn Rheolau'r Ffordd Fawr oedd y rhan fwyaf, a dyletswydd ddigon dieneiniad fyddai trafod y rheiny. Weithiau ceid ychydig o newid. Cofiaf i Gymro Cymraeg, a gyhuddwyd o wrthsefyll ei arestio ar ôl cythrwfl y tu allan i'r Odeon yn Llandudno, haeru nad oedd wedi deall beth a ddywedai'r plismon. 'Cymro ydw i, da'chi'n gweld, a phe bawn i wedi deall beth oedd y dyn yn ei ddeud mi fuaswn i wedi mynd hefo fo ar unwaith!' meddai. Gan na chafwyd prawf ei fod yn deall Saesneg y ddedfryd oedd 'Dieuog'. Rhyfedd na fuasai'r erlyniad wedi gofalu am dyst a'i clywsai yn siarad Saesneg. Ymhen tair wythnos aeth y cyhuddedig ar daith i Awstralia!

Un peth a'm synnai a'm tristáu oedd amharodrwydd diffynyddion Cymraeg i ddewis cael clywed eu hachos yn eu mamiaith. Bron yn ddieithriad dewisent gynnal yr achos yn Saesneg. Y mae un enghraifft arbennig yn sefyll allan yn fy nghof. 'Roedd Cymro Cymraeg, Pleidiwr a oedd yn aelod blaenllaw o'i gangen leol, yn cael ei gyhuddo o dynnu baner Jac yr Undeb oddi ar ryw adeilad yn Llandudno a mynd â hi i'w ganlyn. Gan fod yr Ynadon, Clerc y Llys ac Arolygydd yr Heddlu i gyd yn

Gymry Cymraeg nid oedd unrhyw rwystr i'r achos hwnnw fod yn uniaith Gymraeg; yn wir, dyna a ddisgwyliem. Sut bynnag, er mawr syndod a siom i mi, dewisodd y diffynnydd gynnal yr achos yn Saesneg. Elystan Morgan oedd yn ei amddiffyn — nid ei ddewis ef, wrth reswm, oedd iaith yr achos — ac fe lwyddodd i'w gael yn rhydd. Pan holais pam na ddymunai'r Cymro twymgalon hwnnw gael yr achos yn Gymraeg y rheswm a roddwyd oedd ei fod yn ofni na châi chwarae teg yn Llandudno! 'Roedd hynny'n gwbl ddi-sail.

Yn ystod fy nghyfnod yn Gadeirydd y Fainc nid oeddwn wedi gorfod ymdrin ag unrhyw achos yn ymwneud â Chymdeithas yr Iaith hyd nes y daeth criw ifanc gerbron y llys am falurio tri ar ddeg o arwyddion mewn gwersyll carafanau ar Forfa Conwy. Fore'r achos gwelwn blismyn draw ac yma hyd y stryd ac ar y grisiau tu allan i'r llys. 'Roedd yn amlwg eu bod yn disgwyl helynt. Daeth yn ddeg o'r gloch ond nid oedd olwg o'r diffynyddion. Ymhen tipyn daeth y Clerc, fy hen gyfaill Gwynn Davies, i'n hysbysu fod llond bws wedi cyrraedd Conwy ac ymhen ysbaid wedyn daeth yn ei ôl i ddweud fod llond bws arall wedi cyrraedd Conwy! Pan gyraeddasant y llys dywedodd Pennaeth yr Heddlu na allai ganiatáu iddynt i gyd ddod i mewn. Bu'n rhaid i minnau, trwy gyfrwng y Clerc, ei atgoffa mai gennyf fi, Cadeirydd y Fainc, yr oedd yr hawl i benderfynu faint a phwy oedd yn dod i'r llys a bod ei awdurdod ef yn gorffen y tu allan. Gyrrwyd y gohebwyr i ryw gongl o'r naill du er mwyn gwneud rhagor o le i'r gynulleidfa. 'Roeddynt fel penwaig yn yr halen! Aeth yr achos rhagddo yn gwbl ddidramgwydd a chafwyd y diffynyddion yn euog a'u gorchymyn i dalu dirwy o 25 ceiniog y trosedd!

Yn groes i'r arfer gan rai Cadeiryddion wrth ddelio ag aelodau Cymdeithas yr Iaith nid euthum ati i roi darlith iddynt! Fodd bynnag, awgrymais yn garedig fod parchu'r iaith wrth ei siarad lawn cyn bwysiced ag ymgyrchu drosti. Dywedais hynny oherwydd bod Cymraeg Arolygydd yr Heddlu yn ardderchog tra oedd Cymraeg y diffynyddion yn garpiog a charbwl.

Ymhen ychydig wythnosau ar ôl yr achos hwnnw euthum i Gaerdydd i weld gêm rygbi ac wrth gerdded ar hyd Heol y Frenhines gwelwn griw o bobl ifainc yn rhannu taflenni Cymdeithas yr Iaith. Daeth un ohonynt ataf a dweud, 'Esgusodwch fi, y chi oedd yn y llys yn Llandudno, yntê?' 'Ie,' meddwn i. 'Diolch ichi am fod yn drugarog wrthan ni,' meddai yntau. Pe digwydd iddo fod yn darllen hyn o eiriau, ugain mlynedd yn ddiweddarach, carwn iddo wybod ei fod wedi fy mhlesio na fu'r fath beth.

Un tro daeth Sinead na fedrai siarad Saesneg gerbron y llys. Aeth ef a'r cyfieithydd ar eu llw drwy gymryd llestr pridd, ei dorri a dweud, 'Cyn sicred â'm bod i wedi torri'r llestr hwn bydd fy enaid yn cael ei ddryllio os dywedaf gelwydd.' Dyna'r unig dro i mi weld hyn yn digwydd. Yr hyn a'm poenai i oedd sut y gwyddwn i fod y cyfieithydd yn cyfieithu'n gywir.

Ar wahân i'r llys a ddeliai gyda'r rhan fwyaf o achosion y mae (neu yr oedd beth bynnag) ddau lys arall, sef 'Y Llys Cartref' os dyna'r cyfieithiad o *Domestic Court*, a 'Llys yr Ieuanc', neu'r *Juvenile Court*. Profiad atgas yn aml oedd eistedd yn y Llys Cartref a gorfod gwrando ar ŵr a gwraig yn golchi dillad budron ar goedd ac yn dangos casineb y naill at y llall. Yr oedd y gweithrediadau yn Llys yr Ieuanc yn llai ffurfiol nag yn y ddau lys arall. Ceisid, gyda phrofiad y swyddog plant, ddiddyfnu'r troseddwyr ifainc o'u harferion drwg.

Fel y soniais eisoes, bûm yn Gadeirydd y Fainc yn ystod fy mlynyddoedd olaf a hoffwn dalu teyrnged i ymroddiad a ffyddlondeb ynadon i'w swydd. Mae rhai ohonynt wedi gwasanaethu am flynyddoedd lawer ac yn wynebu gwaith caletach nag erioed y dyddiau hyn.

Y Cyngor Sir

Fel yr oedd fy mhen-blwydd yn drigain oed yn nesáu rhaid oedd penderfynu ple i fyw ar ôl ymddeol. Er bod ein cartref yn Negannwy mewn llecyn dymunol ac yn hwylus iawn ym mhob ystyr, o fewn pum munud o gerdded i'r ysgol, 'roedd Eluned a minnau'n dyheu am fyw yn y wlad 'ymhlith y bythol bethau hyn'. Tramgwyddais yn erbyn un o'm cymdogion pan ddywedais yn gellweirus fod yn well gennyf edrych trwy'r ffenestr yn y bore a gweld anifail yn hytrach na bod dynol! Hei ati felly i chwilio am dŷ yn Nyffryn Conwy. Cawsom un mewn man dymunol rhwng y Ro-wen a Llanbedr-y-cennin, ac aethom i fyw yno yn Ebrill 1966, a minnau'n ymddeol o'r ysgol ddiwedd y flwyddyn.

Gan fy mod yn gyfarwydd â'r ardal ers blynyddoedd buan y deuthum yn rhan o'r gymdeithas a'm cael fy hun cyn pen blwyddyn yn ymgeisydd am sedd ar Gyngor Sir Gaernarfon.

Wrth ganfasio o dŷ i dŷ cefais rai profiadau digon od, a dweud y lleiaf, ond efallai mai'r rhyfeddaf ohonynt oll oedd yr hyn a ddigwyddodd mewn un tŷ neilltuol rhwng y Ro-wen a Chonwy. Yn ôl y rhestr etholwyr, dim ond un dyn oedd yn byw yno ond pan gyrhaeddais gwelwn wraig yn golchi carreg y drws a gofynnais iddi a gawn i air gyda Mr Hwn-a-hwn. Dywedodd wrthyf yn Saesneg am aros eiliad ac ar ôl picio i'r tŷ daeth yn ei hôl a dweud y cawn fynd i mewn. Ar hynny, ym mhen draw'r cyntedd, gwelwn ddyn gwyllt yr olwg yn dod i'm cyfarfod. *'Stop!'*

meddai. Cerddais innau gam neu ddau tuag ato. *'I've told you to stop,'* meddai wedyn, a'i lygaid yn llamu yn ei ben. Rhoddodd ei law ar ei boced tin gan ychwanegu'n fygythiol, *'I've got a gun here!'* Gan fy mod yn rhy falch i droi ar fy sawdl — neu ynteu'n rhy ynfyd i beidio — ymsythais o'i flaen a dweud, *'You'd better put your gun away, I'm a big strong man!'* Edrychodd arnaf am eiliad neu ddwy fel pe'n pwyso a mesur y sefyllfa, ac yna dywedodd, *'Yes, you are, aren't you.'* A oedd ganddo wn mewn gwirionedd, ni allaf ddweud — gwn tegan efallai — ac ni allaf ddweud ychwaith a gefais ei bleidlais ai peidio!

Rhyw hanner blwyddyn yn ddiweddarach, a hithau'n bwrw eira'n drwm, 'roeddwn yn mynd yn y car i gyfeiriad Conwy pan welais ddyn yn cerdded yr un ffordd â mi. Fe'i codais, ac wedi iddo eistedd wrth fy ochr sylweddolais mai dyn y 'gwn' ydoedd. Ymhen tipyn trodd ataf a dweud, *'You've been to my house, haven't you.'* Ie, creadur od oedd hwnnw, ac eto heb fod yn gwbl wirion oherwydd dywedodd wrthyf, *'You keep your eyes on the road, I'll do the talking!'*

Llwyddais i ennill y sedd ar Gyngor Sir Gaernarfon, a hynny fel aelod annibynnol; nid oedd yn arferiad y pryd hynny i ymladd yn enw plaid wleidyddol. Sylweddolais yn fuan fod cryn wahaniaeth rhwng cyfrifoldebau Cyngor Sir a Chyngor Bwrdeisdref a chryn wahaniaeth hefyd yn yr aelodaeth. Cymry Cymraeg oedd bron y cwbl o aelodau'r Cyngor Sir ond yn rhyfedd iawn, mynnai'r rhan fwyaf ohonynt siarad Saesneg yn y cyfarfodydd, a hwnnw yn aml iawn yn Saesneg digon carbwl. Sylweddolais gymaint yr angen am offer cyfieithu a chefnogais W. R. P.

George yn ei ymdrech i berswadio'r Cyngor Sir i ddarparu cyfleusterau cyfieithu ar y pryd. Cafwyd yr offer angenrheidiol ychydig cyn ad-drefnu llywodraeth leol, a mawr fu'r fantais. Serch hynny, mynnai ambell Gymro Cymraeg ddal i siarad Saesneg!

Un peth a'm synnai ynglŷn â'r Cyngor Sir oedd y ffaith fod yno gymaint o unfrydedd barn ar wahanol faterion. Ychydig iawn o anghytuno ffyrnig a gofiaf fi yn y siambr. Yr oedd yno, mae'n wir, garfan Dorïaidd, rhyw wyth neu naw o gyffiniau Llandudno, a arferai gwrdd â'i gilydd fel *caucus* cyn pob cyfarfod a phleidleisio'n groes i'r Cymry Cymraeg ar bron bopeth. Serch hynny, colli'r dydd a wnaent yn ddieithriad. 'Roedd yr rhelyw, o bob plaid a di-blaid, yn weddol gytûn ac eithrio ar fater sefydlu ysgolion uwchradd dwyieithog; soniaf am hynny yn nes ymlaen.

Ymhen ychydig fisoedd ar ôl imi gael fy ethol ar y Cyngor Sir daeth ffermwr lleol i'm gweld a gofyn a fyddwn yn fodlon bod yn Gadeirydd i Gymdeithas Porwyr Tir Comin Mynydd Tal-y-fan, oherwydd eu bod, meddent hwy, yn awyddus i gael rhywun nad oedd yn ffermwr i gadw trefn arnynt! Derbyniais y cynnig.

Yn fuan wedyn, ar gais y Cyngor Sir, 'roedd yn rhaid cofrestru'r defaid a borai ar y mynydd. Daeth R. Gwynn Davies, a oedd ar y pryd yn gyfreithiwr gyda'r Cyngor Sir, ac un brawd arall i'n cyfarfod yn Henryd ac egluro sut i fynd ati. Rhoddwyd ffurflen i bob aelod ac ymhen ychydig wythnosau fe'u hanfonwyd yn ôl wedi eu llenwi — yn wir, wedi eu gorlenwi! Pe bai pob dafad 'honedig' wedi cael ei chofrestru byddent fel pryfed ar y mynydd! Gyda chymorth Gwynn Davies bu'n rhaid perswadio'r aelodau i leihau'r niferoedd, a dyna hwyl oedd hynny oherwydd 'roedd pob un yn gwylio faint 'roedd ei gymydog yn ei gofrestru. Sut bynnag, ar ôl dod i ben â'r gorchwyl hwnnw 'roedd problem arall yn ein hwynebu, sef y costau. Nid yn unig yr oedd tâl cofrestru yn ddyledus i'r Cyngor Sir ond hefyd, mewn ambell achos, yr oedd costau cyfreithiol i'w talu oherwydd bu'n rhaid amddiffyn rhai ceisiadau yn y llys. Ond y cwestiwn oedd sut y dylid rhannu'r costau. Dadleuai'r ffermwyr bychain mai yn ôl y ddafad, sef hyn-a-hyn y pen, oedd y dull gorau, ond, ar y llaw arall, 'roedd y ffermwyr mawr yn awyddus i rannu'r costau'n gyfartal rhwng pob aelod. Bu'n rhaid i'r Cadeirydd wrth ddoethineb Solomon i geisio cadw'r ddysgl yn wastad a bodloni pawb! Bûm yn y gadair am gryn ugain mlynedd: cyfnod difyr dros ben.

Yn naturiol ddigon, Addysg oedd fy mhrif ddiddordeb i ar y Cyngor Sir. Yn wir, gellid haeru bod y rhan fwyaf o'r aelodau yn cefnogi polisi addysg blaengar ond 'roedd yno hefyd gnewyllyn bychan a fyddai bob amser yn edrych yn llygad y geiniog. Dyfodol ysgolion bach y wlad oedd un o'r pynciau llosg. Fel rheol, mynnai'r mwyafrif gadw pob ysgol yn agored, doed a ddelo, a chlywid yr haeriad 'Caewch yr ysgol a dyna ddiwedd ar y gymdeithas.' Ond tybed nad y gwir yw bod niferoedd y plant yn gostwng am fod y gymdeithas eisoes wedi gwanychu? Yn gyffredinol, 'roeddwn o blaid cadw'r ysgolion bach yn agored ond ni thybiwn y dylid cadw ysgol yn agored pan oedd nifer y plant wedi mynd yn isel iawn. Serch hynny, cyn cau ysgol rhaid sicrhau nad oes gobaith am gynnydd yn nifer y plant a sicrhau hefyd fod yr awyrgylch yr anfonir y plant iddo yn gydnaws â'u cefndir.

Yn lled fuan fe'm dewiswyd yn un o gynrychiolwyr y Pwyllgor Addysg ar Gyd-bwyllgor Addysg Cymru, gyda'i swyddfeydd yng Nghaerdydd, ac esgorodd hynny ar brofiadau amrywiol a diddorol. Rhyfedd, ac yn wir, siomedig oedd y profiad cyntaf o weld fel yr oedd *caucus* plaid wleidyddol yn gweithio. Cyfarfyddai'r aelodau Llafur yn y bore a deuent i'r Cyd-bwyllgor yn y prynhawn wedi penderfynu sut y byddent yn pleidleisio ar bob pwnc. I ni o Sir Gaernarfon yr oedd y dull yn wrthun. Yn wir, gwelais rai yn siarad o blaid rhyw gynnig neu'i gilydd ac yna'n pleidleisio hefo'r *caucus* yn ei erbyn! Ni allwn ddirnad y fath drefn a bu'n agos iawn i rai ohonom o'r Gogledd benderfynu peidio â mynychu'r cyfarfodydd. Ond sylweddolais mai yn y Cyd-bwyllgor llawn y ceid trefn y *caucus* ar ei waethaf; nid oedd yr is-bwyllgorau mor unllygeidiog.

Yr oedd agweddau amrywiol i waith y Cyd-bwyllgor ond yn y Pwyllgor Iaith a Diwylliant a'r Panel Dysgu Cymraeg i Oedolion yr oedd fy niddordeb pennaf i. Bûm yn gadeirydd y ddau bwyllgor am lawer blwyddyn a phleser o'r mwyaf oedd profi'r ymroddiad i addysg trwy gyfrwng y Gymraeg er gwaethaf profiad go chwithig yn fy nghyfarfod cyntaf fel cadeirydd y Pwyllgor Iaith a Diwylliant. Siaredais yn Gymraeg a chododd un o aelodau Cyngor Sir Morgannwg Ganol ar ei draed a bygwth cerdded allan pe siaradwn yn Gymraeg wedyn. Fe wnaeth ac ni welwyd mohono yn y pwyllgor byth ar ôl hynny!

Yr oeddwn i'n gwbl argyhoeddedig mai cael offer cyfieithu ar y pryd oedd yr ateb ond pan soniem am y peth yn y Cyd-bwyllgor Addysg fe wneid sbort am ein pennau; 'doedd dim siawns cael y Cyd-bwyllgor i fabwysiadu'r egwyddor. Felly, yr hyn a wnaeth y Pwyllgor Iaith a Diwylliant oedd cynnal ein cyfarfodydd yng Ngholeg y Llyfrgellwyr, Aberystwyth, lle'r oedd offer cyfieithu campus, a gofyn i Hedley Gibbard, cyfieithydd i Gyngor Sir Gwynedd, ddod atom. Bu llwyddiant cyfieithu ar y pryd yn foddion i ennill cefnogaeth frwd y Cymry di-Gymraeg, a dyna'r drefn sy'n parhau hyd heddiw.

Pan sefydlwyd Canolfan Llenyddiaeth Plant Cymru ym mis Mawrth 1979 fe'm hetholwyd yn un o ddau i gynrychioli'r Cyd-bwyllgor ar Bwyllgor Rheoli'r Ganolfan ac yn yr ail gyfarfod, yn Nhachwedd yr un flwyddyn, fe'm hetholwyd yn Gadeirydd. Bûm yn y gadair hyd nes yr unwyd y Ganolfan â'r Cyngor Llyfrau Cymraeg yn 1990. Bu'r cyfnod dechreuol yn anodd am sawl rheswm. 'Roedd diffyg cyllid digonol a bu'n rhaid mynd droeon i'r Swyddfa Gymreig i fegera fel cynifer o fudiadau a sefydliadau eraill ond yr oedd hefyd beth gwahaniaeth barn ymysg aelodau'r pwyllgor ynglŷn â nod ac amcan y Ganolfan. Dadleuai ambell un y dylid lledu'r gorwelion i wledydd tramor tra credai'r mwyafrif mai gwasanaethu ysgolion a phlant Cymru oedd priod waith y Ganolfan. Sut bynnag, dan bwysau o du Cyngor y Celfyddydau a'r Swyddfa Gymreig diddymwyd y Ganolfan fel corff annibynnol a'i hymgorffori yn rhan o'r Cyngor Llyfrau dan oruchwyliaeth Miss Menna Lloyd Williams a fu'n drefnydd o'r dechrau. O ganlyniad i'r uno hwn ehangwyd a datblygwyd llawer ar waith y Ganolfan.

Yn ystod fy nghyfnod yn Gadeirydd cefais y pleser blynyddol o gyflwyno Gwobrau Tir na n-Og i awduron

126

y llyfrau gorau i blant yn ogystal â Thlws Mary Vaughan Jones, tlws a gyflwynir bob tair blynedd i bersonau sydd wedi gwneud cyfraniad arbennig ym maes llenyddiaeth plant dros gyfnod o flynyddoedd. Cyflwynwyd y tlws am y tro cyntaf yn 1985 a hynny i'm hen gyfaill Ifor Owen, Llanuwchllyn.

Ad-drefnwyd llywodraeth leol yn 1974; unwyd cynghorau sir Môn, Meirionnydd a Chaernarfon dan yr enw Cyngor Sir Gwynedd. Bu paratoi manwl yn ystod 1973 ac mae'n debyg mai canlyniad y paratoi trylwyr hwnnw oedd i'r Cyngor newydd ymdoddi yn uned gytbwys a gweithgar o dan arweiniad y Prif Weithredwr Alun Jones (a fu'n Ombwdsman wedyn) a'r dirprwy, Ioan Bowen Rees, a ddaeth yn Brif Weithredwr yn ddiweddarach. Yn ffodus 'roedd aelodau abl a gweithgar ymhlith aelodau cyntaf Cyngor Sir Gwynedd, aelodau a oedd hefyd, at ei gilydd, yn gefnogol i addysg trwy gyfrwng y Gymraeg. Digwyddodd rhywbeth sy'n anodd ei esbonio: 'roedd y Cyngor newydd yn llawer mwy Cymreigaidd na'r hen rai ac fe ffurfiwyd polisi dwyieithog Gwynedd yn gynt ac yn llai trafferthus na'r disgwyl.

Disgynnodd gweithredu'r polisi iaith yn drwm ar y Pwyllgor Addysg. Dewiswyd Dr Cyril Parry yn gadeirydd cyntaf y pwyllgor a minnau'n is-gadeirydd am y ddwy flynedd gyntaf ac yna'n gadeirydd am ddwy flynedd wedyn.

Sicrhau athrawon dwyieithog i'r ysgolion cynradd oedd y gorchwyl cyntaf. Gwahoddwyd myfyrwyr o'r colegau hyfforddi ac athrawon o'r tu allan i Wynedd i ymgeisio am le ar banel o athrawon a ddewisid yn flynyddol. O'r panel hwn y sicrhawyd athrawon i ysgolion yn ôl y gofyn.

Bu'r broses o ddewis athrawon yn un fanwl. Derbyniwyd adroddiadau am y myfyrwyr o'r colegau ac am athrawon o'r tu allan i'r sir gan eu cyflogwyr. Yna cyfwelwyd ugeiniau gan banel bach ac wedi ystyriaeth drylwyr cyflwynwyd rhestr i'r Cyfarwyddwr Addysg i ddewis ohoni ar gyfer galwadau'r ysgolion. Dyletswydd y Trefnydd Iaith, Mrs Eluned Ellis-Jones, oedd arolygu'r gwaith yn yr ysgolion cynradd a Mr Cyril Hughes yn yr ysgolion uwchradd.

Fel gyda'r hen gynghorau sir 'roedd gan Wynedd gynrychiolwyr ar wahanol gyrff cyhoeddus. Bûm yn aelod a Lys a Chyngor Prifysgol Cymru ac o Lys a Chyngor Coleg y Brifysgol, Bangor.

Profiad go siomedig oedd fy nghyfarfod cyntaf o Gyngor Coleg Bangor. Yr Arglwydd Kenyon oedd y cadeirydd a Dr Charles Evans oedd y prifathro. Saesneg oedd unig iaith y Cyngor ac 'roedd yr awyrgylch mor oer â phe baech mewn rhewgell. O dipyn i beth, clywid lleisiau gwrthryfelwyr, a'r ffyrnicaf ohonynt oedd I. B. Griffith. Ymosodai ar y 'Maffia', fel y galwai hwynt, ac o'r herwydd yr oedd yn bur amhoblogaidd. Bu brwydro ar sawl pwnc; un ohonynt oedd y frwydr i gael offer cyfieithu, ac ar ôl hir ddisgwyl fe'i cafwyd. Mae'n gweithio'n iawn ond gresyn fod rhai aelodau yn gyndyn o'i ddefnyddio.

Nid cynrychiolwyr cynghorau oedd yr unig rai i wrthryfela: 'roedd anesmwythyd ymhlith yr athrawon. Cyrhaeddodd yr anesmwythyd ei benllanw pan gododd yr Athro Stirling F.R.S. ar ei draed a chynnig 'Ein bod yn gofyn i'r Prifathro Charles Evans ymddiswyddo.' Pasiwyd y penderfyniad! Ateb y prifathro oedd dweud y buasai'n hysbysu'r Cyngor pan benderfynai ymddeol!

Yr oedd teimlad ymhlith aelodau'r Cyngor fod yr Arglwydd Kenyon wedi bod yn gadeirydd am ddigon o hyd: deng mlynedd ar hugain. Cefais y fraint o gynnig enw'r Dr O. V. Jones yn gadeirydd — y tro cyntaf i'r Arglwydd Kenyon gael ei herio — a Dr O. V. Jones a ddewiswyd.

At Eisteddfod Clwb y Gogarth yn 1980 lluniais barodi ar 'Melin Trefin', ac fel hyn y diweddai:

> Plant y Sais sy'n llenwi'r fangre
> Gan ei lordio ar bob tu
> A phrin undim i'n hatgoffa
> O'r gogoniant yma a fu,
> A 'does fawr o neb yn malio
> Nad oes yma erbyn hyn
> Ond acenion Arglwydd Kenyon
> Yn y Coleg ar y Bryn.

Erbyn hyn mae gan y Coleg bwyllgor o'r Cyngor sy'n arolygu'r gwaith o weithredu polisi dwyieithog y Coleg. Cadeirydd y pwyllgor yw'r prifathro, yr Athro Sunderland. Mae agwedd Cyngor y Coleg wedi newid ond go brin fod y polisi yn plesio pawb.

Yn gynnar yn hanes Pwyllgor Addysg Gwynedd sylweddolwyd fod cryn alw am ysgolion uwchradd dwyieithog yn yr ardaloedd Seisnig. Yr oedd galw am ad-drefnu dalgylchoedd yn Ynys Môn ac agorwyd ysgol Uwchradd ddwyieithog ym Modedern yn 1977. Bu rhieni ym Mangor a'r cylch yn ymgyrchu i gael ysgol uwchradd ddwyieithog ond 'roedd carfan gref o'r Blaid Lafur yn wrthwynebus. Rhaid fu cynnal cyfarfod cyhoeddus i egluro polisi iaith Gwynedd i rieni yng nghylch Bangor. 'Roedd y Pwyllgor Addysg am sefydlu ysgol cyfrwng

Saesneg yn Eithinog ac ysgol ddwyieithog yn Tryfan. Anfonodd gwrthwynebwyr y cynllun ddeiseb gref at yr Ysgrifennydd Gwladol, Mr John Morris, ac anfonodd cefnogwyr Tryfan hefyd ddeiseb gyda chryn dipyn llai o enwau arni. Ysgol ar gyfer tua 480 o ddisgyblion oedd cynllun y Pwyllgor Addysg, ac ateb yr Ysgrifennydd Gwladol oedd fod angen o leiaf 500 o ddisgyblion! Penderfynodd y Pwyllgor Addysg anfon dirprwyaeth at Mr John Morris a chefais innau, fel cadeirydd y Pwyllgor, y cyfrifoldeb o arwain y ddirprwyaeth honno. Ymhen hir a hwyr daeth gair o'r Swyddfa Gymreig yn cefnogi cais Pwyllgor Addysg Gwynedd, ac agorwyd Ysgol Uwchradd Ddwyieithog Tryfan yn 1978.

Er pan agorwyd ysgol gynradd Gymraeg yn Llandudno bu rhieni plant yr ysgol, gyda chefnogaeth Eglwysi Cymraeg y dref a Chymdeithas y Cymrodorion, yn ymgyrchu i gael ysgol uwchradd ddwyieithog yng nghyffiniau Llandudno. Yr ateb gan Bwyllgor Addysg Sir Gaernarfon bob tro fyddai nad oedd digon o blant i hawlio'r datblygiad. Pan sefydlwyd Pwyllgor Addysg Gwynedd, yr un oedd yr agwedd ar y dechrau ond dal ati i bwyso a wnâi'r rhieni. O'r diwedd daeth ymwared. Anfonodd Cyfarwyddwr Addysg Clwyd lythyr at Gyfarwyddwr Addysg Gwynedd yn gofyn i Wynedd ystyried codi ysgol ar y cyd gyda Chlwyd mewn man hwylus, ar, neu yn ymyl y ffin rhwng y ddau awdurdod. Cytunodd Pwyllgor Addysg Gwynedd â'r awgrym ac o'r funud honno bu cydweithio hapus rhwng cynrychiolwyr y ddau awdurdod nes sicrhau tir i godi ysgol arno rhwng y ddwy sir, bron ar y ffin.

Dewiswyd pwyllgor o ddeuddeg, chwech o Glwyd a

chwech o Wynedd, i wneud y trefniadau angenrheidiol. Cefais y pleser o fod yn gadeirydd ar y pwyllgor hwnnw. Penderfynwyd bod Gwynedd i weinyddu'r ysgol a bod cost ei chynnal i'w dalu yn ôl nifer y plant o'r ddwy sir. Yn 1981 cefais y fraint o agor yr ysgol, Ysgol y Creuddyn, gyda 250 o blant. Cynyddodd y nifer yn flynyddol ac erbyn hyn mae 635 o ddisgyblion yno.

Ofnwn ar y dechrau na fyddai digon o athrawon abl a phrofiadol yn ymgeisio am swyddi yn yr ysgol, ond di-sail oedd fy ofnau. Penodwyd prifathro abl ac ymroddgar, Mr Roland Jones, ac i'w gynorthwyo daeth nifer o athrawon gwir deilwng. Fel Cadeirydd y Llywodraethwyr am wyth mlynedd gallaf dystio fod gweledigaeth a dyfalbarhad yr arloeswyr wedi ei gyfiawnhau.

Er mai Addysg a gafodd fwyaf o sylw gennyf 'roeddwn wrth gwrs yn rhoi'r sylw dyladwy i faterion eraill a phan ddaeth fy nhro i fod yn Gadeirydd y Cyngor Sir yn 1985-86 cefais gyfle i weld ac i werthfawrogi gwaith pob adran o'r Cyngor.

Cyn hyn, ychydig a wyddwn am y Gwasanaeth Tân. Euthum i weld pob gorsaf dân yn y sir ac mewn ambell orsaf gwylio'r criw yn ymarfer. Mawr yw fy edmygedd o ymroddiad a medr y dynion tân. Treuliais ddau ddiwrnod yng Ngholeg y Gwasanaeth Tân yn Moreton-in-Marsh, Sir Gaerloyw, gan sylwi ar drylwyredd yr hyfforddiant a roddid iddynt. Agoriad llygad yn wir. Bûm ar frig un o'r ysgolion hir tu allan i Orsaf Dân Llandudno; difyr iawn gan nad oedd tân i'w ddiffodd!

Os ehangwyd fy ngwybodaeth am waith mewnol y Cyngor Sir, mwy fyth oedd y cyfle i gyfarfod ag arweinwyr bywyd cymdeithasol, diwydiannol a diwylliannol y sir a chael bod yn dyst i ddatblygiadau megis agor ffordd gyswllt rhwng yr A55 a Llandudno, ehangu ffatri Laura Ashley, ailagor Pont Bermo, rhoi cychwyn ar drafodaethau gyda Chyngor Sir Clwyd ynglŷn â thrydan-eiddio lein y Gogledd, a chant a mil o ddatblygiadau.

Mae llywodraeth leol yn wynebu ad-drefniant yn y dyfodol agos. Beth bynnag fydd y drefn newydd, gobeithiaf y rhoddir i'r cynghorau rym a chyllid i gyflawni eu dyletswyddau. Yn ystod pymtheng mlynedd ar hugain o brofiad ar gynghorau bûm yn dyst i fwy a mwy o ymyrraeth gan adrannau'r llywodraeth, a mwy a mwy o gwtogi ar hawliau'r cynghorau lleol. Llywodraeth y Cwangos yw hi bellach.

Yr Eisteddfod Genedlaethol

Y tro cyntaf imi fynd i'r Eisteddfod Genedlaethol oedd 1921. Plentyn oeddwn i ac 'roedd amcan arbennig gan fy nhad i fynd â mi sef i weld dau ddyn mawr ar y dydd Iau. Un ohonynt oedd Lloyd George, y Prif Weinidog a oedd yn Llywydd y Dydd, a'r llall oedd Syr John Morris-Jones, beirniad yr Awdl. Nid oedd mo'r fath beth â meic yr adeg honno, ond eto 'roeddwn yn clywed pob gair a lefarai Syr John a Lloyd George yn y pafiliwn mawr. 'Roedd cytundeb Versailles newydd ei arwyddo a'r Prif Weinidog yn plesio'r dyrfa'n arw trwy ddweud ei fod yn mynd yn ôl o'r Eisteddfod i Versailles a bod arno awydd mynd â Dyfed, yr Archdderwydd, gydag o i ofyn 'A Oes Heddwch?' Tynnai'r lle i lawr, debyg iawn.

Ni fûm yn yr Eisteddfod wedyn tan Pwllheli 1925, fy mlwyddyn gyntaf yn fyfyriwr a'r flwyddyn y ffurfiwyd Plaid Genedlaethol Cymru yn yr Eisteddfod.

'Roedd Eisteddfodau cyfnod y rhyfel fwy at fy nant i gan nad oedd cymaint o ganu ynddynt. Canolbwyntid ar ryddiaith a barddoniaeth ond ceid canu gwerin a chanu gyda'r tannau wrth gwrs. Ond dim corau mawr: 'roedd y dynion ifainc yn y rhyfel.

Bu un o'r Eisteddfodau bychain hyn yn Hen Golwyn yn 1941 ac fe'i cynhelid yn Neuadd yr Eglwys. Yn un o gyfarfodydd y prynhawn trefnwyd dadl rhwng R. T. Jenkins a Saunders Lewis, a Syr Ifor Williams yn cadeirio. Cawsai Saunders ei ddiswyddo wedi'r tân yn Llŷn ac un o'r rhai mwyaf ffyrnig yn ei erbyn oedd Syr Ifor Williams.

'Wn i ddim pam. 'Roedd R. T. Jenkins yn ei erbyn hefyd, a Dr Alun Roberts. Soniwyd eisoes am agwedd Henry Lewis, ei bennaeth yn Abertawe. Yn naturiol, 'roedd Griffith John Williams, o'i blaid ac felly hefyd Gwenallt a Tom Parry. Nid oedd Syr Thomas Parry-Williams mor gryf ac fe wrthododd ef arwyddo deiseb i ofyn am swydd Saunders yn ôl, gwaetha'r modd.

'Roedd nifer helaeth o'r staff yn Abertawe wedi arwyddo'r ddeiseb ac amryw byd o'r colegau eraill hefyd. Ar un adeg 'roedd R. Williams Parry am i bawb yn yr Adran Gymraeg ym mhob un o golegau'r Brifysgol ymddiswyddo mewn protest: wedi'r cyfan ni fyddai'n hawdd llenwi eu swyddi i gyd. Fodd bynnag, dim ond tri oedd yn barod i wneud hynny, sef Williams Parry ei hun, Griffith John Williams a Tom Parry. Neb arall.

Yn yr Eisteddfod yn Hen Golwyn, testun y ddadl oedd 'Mae mwy o angen llenyddiaeth boblogaidd ar gyfer y werin na llenyddiaeth glasurol.' O blaid 'roedd R. T. Jenkins, a Saunders yn erbyn. 'Roedd y neuadd a ddaliai tua chwe chant yn orlawn ac aeth y ddadl rhagddi yn fywiog a digon hwylus. Ar y diwedd dywedodd Syr Ifor rywbeth tebyg i hyn: 'Wel rŵan 'does dim byd arall i mi 'i wneud ond dwyn y cyfarfod i ben.' Ar y gair dyma D. J. Williams ar ei draed. 'Oes, mae 'na,' meddai. 'Fe ddylech chi fod yn galw am i Brifysgol Cymru roi ei swydd yn ôl i Saunders Lewis . . .' neu eiriau i'r un perwyl. Bu distawrwydd llethol am foment ac wedyn cymeradwyaeth fyddarol.

Yn 1947 daeth yr Eisteddfod i Fae Colwyn a bu'n eithaf llwyddiannus o gofio'r anawsterau wedi'r rhyfel. 'Roeddwn i'n Ysgrifennydd y Pwyllgor Drama, a'r

Cadeirydd oedd Morris Jones, Hen Golwyn, a enillasai droeon yn yr Eisteddfod Genedlaethol gyda chwmni drama o Lerpwl. Ei syniad ef oedd cael actor proffesiynol i feirniadu'r actio ac fe ddewiswyd Hugh Griffith. Mewn atebiad i'r gwahoddiad mynegodd Hugh Griffith ei ddirmyg at agwedd yr Eisteddfod Genedlaethol tuag at y Ddrama o'i gymharu â'u triniaeth o'r canu. Na, ni ddeuai i Fae Colwyn; gwrthodai er mwyn dangos ei brotest. Ni allwn wneud dim ond darllen ei lythyr i'r pwyllgor drama ac wedyn ysgrifennu ato i ddweud ein bod yn cytuno ag ef ond na allem newid y drefn gan mai'r pwyllgor cyllid oedd yn pennu'r taliadau. Daeth llythyr yn ôl, bron gyda'r troad, yn dweud ei fod wedi newid ei feddwl ac y deuai i'r Eisteddfod i feirniadu.

'Roedd y drefn ynglŷn â'r cystadlaethau drama rywbeth yn debyg i'r hyn ydyw heddiw. Disgwylid i'r beirniad wneud rhyw ychydig o sylwadau ar ddiwedd pob perfformiad a chyflwyno'i feirniadaeth lawn ar ôl clywed y cwmnïau i gyd yn y ddwy gystadleuaeth, y ddrama hir a'r ddrama un act. Yn anffodus, traethodd Hugh Griffith yn faith ar ôl y perfformiad cyntaf o 'Y Brodyr', J. Gwilym Jones a beirniadodd yn hallt y ddrama, yr actio, ac yn wir y driniaeth a gâi Drama yn gyffredinol yng Nghymru. Pechodd yn erbyn y gynulleidfa, yn enwedig gan fod John Gwilym Jones yn dipyn o ffefryn yn y cylch.

Fore trannoeth pan gyrhaeddais y Babell Lên gwelwn Hugh Griffith yn eistedd ar ei ben ei hun. Galwodd arnaf ac meddai, "Does na neb yn dweud yr un gair wrtha i.' 'Ydach chi'n synnu?' meddwn innau! Mae'n debyg mai'r rheswm am y traethu gwyllt y noson cynt oedd diffyg paratoi ymlaen llaw. Erbyn yr ail noson a gweddill yr wythnos, yr oedd wedi unioni'r cam ac fe gawsom sylwadau buddiol ganddo ar y cyflwyniadau i gyd. Bu'r Eisteddfod yn foddion i Eluned a minnau ddod i adnabod Hugh a thra trigai yn Llundain byddem yn ymweld ag ef a'i wraig yn eu fflat yn Dolphin Square. 'Roedd yn ddyn caredig iawn ac yn gwmni difyr.

Yn yr Eisteddfod honno fe gaed arddangosfa o gelfi drama — un arall o syniadau Morris Jones. Ysgrifennais at Emlyn Williams a chefais awgrymiadau gwerthfawr ganddo ynglŷn â lle i gael celfi ac amrywiol baraffanelia. Bûm yn crwydro cefnau theatrau Llundain yn chwilio am fodelau o wahanol gynyrchiadau ac fe welais fwy o bryfed cop nag a welais cynt na chwedyn. Un bore daeth Huw Wheldon, a oedd gyda'r Cyngor Prydeinig bryd hynny, acw i ddweud y gwyddai am ddau ddyn ifanc a chanddynt gasgliad da o gelfi drama ac y byddai o fudd mawr inni pe medrem fforddio i'w cyflogi. Mander & Mitcheson oedd eu henwau ac aeth Morris Jones a minnau i'w gweld yn eu canolfan yn yr East End yn Llundain. Yn y tŷ tri neu bedwar llawr 'roedd pob wal a phob drws, gan gynnwys drws y tŷ bach, wedi eu gorchuddio â phosteri neu raglenni, a'r lle'n llawn o gelfi. Cyflogwyd y ddau i ddod i Fae Colwyn ond yn anffodus 'roedd yr arddangosfa mewn ysgol y tu allan i faes yr Eisteddfod ac ychydig a aeth yno i'w gweld. 'Roedd hi'n arddangosfa wirioneddol dda ac yn cynnwys un eitem ar hanes bywyd Emlyn Williams, gyda lluniau ohono o'i fabandod hyd y cyfnod hwnnw.

Ychydig flynyddoedd yn ôl gwelais golofn gyfan yn y *Guardian* yn dweud hanes Mander a Mitcheson yn rhoi'r gorau i'w busnes ac yn trosglwyddo eu holl eiddo i'r

Theatr Genedlaethol yn Llundain. 'Roedd eu trysorau theatrig yn werth tua miliwn a hanner o bunnau, meddid. Meddyliwch, 'roeddem ni gyda'r rhai cyntaf i'w cyflogi!

Un arall o syniadau Morris Jones oedd cyflwyno ysgoloriaeth i'r cynhyrchydd drama gorau yn y cystadlaethau drama i'w alluogi i dreulio peth amser mewn theatr broffesiynol. Ysgrifennais at amryw o gyfarwyddwyr theatrau'r West End ar gyfarwyddyd Emlyn Williams a chefais ateb calonogol gan y rhan fwyaf ohonynt. Cefais lythyr diddorol iawn gan Ernest Blythe a oedd yn un o gyfarwyddwyr yr 'Abbey Theatre', Dulyn, a hefyd yn Weinidog Amddiffyn Gweriniaeth Iwerddon. Dyma frawddeg gyntaf ei lythyr. *'We were interested to read of your proposal to offer a scholarship at the National Eisteddfod of 1947 to a producer of plays who shows promise. We should be willing to welcome the winner of such a scholarship to the Abbey Theatre, and to give him all possible facilities for learning as much as he could.'* Enillydd yr ysgoloriaeth oedd W. Emlyn Jones, cynhyrchydd Cwmni Drama Abertawe. Treuliodd chwe wythnos yn yr 'Abbey Theatre'.

Yn ei lythyr diddorol eglurodd Ernest Blythe fel y byddai'r Weinyddiaeth Amddiffyn yn trefnu i filwr a siaradai Wyddeleg gael ei symud i swydd clerc yn Nulyn a chael ei ryddhau i fynd i'r 'Gate Theatre' am hyfforddiant. Un o'r rhai a fanteisiodd ar y drefn oedd Frank Dermody a ddaeth ymhen yrhawg yn gynhyrchydd yn yr 'Abbey Theatre'. Un o fanteision hunanlywodraeth meddwn innau pan ddarllenais y llythyr!

Dilynwn yr Eisteddfod o le i le bob blwyddyn. Yn 1963 daeth i Landudno ac 'roeddwn yn Gadeirydd y Pwyllgor

Drama yno. 'Roedd Theatr y Grand ar gael ar gyfer y dramâu. Rhoddwyd comisiwn i John Gwilym ac fe gyfansoddodd 'Hanes Rhyw Gymro'. Cwmni Drama Cymry Llundain a gafodd y cyfle i lwyfannu'r ddrama, a Ryan Davies a gymerodd ran Morgan Llwyd. Nid oedd Eisteddfod Llandudno yn un lwyddiannus iawn: 'roedd y tywydd yn felltigedig o oer a bu'r Frenhines yno un diwrnod.

Yn 1989 daeth yr Eisteddfod Genedlaethol i Lanrwst. Clwb Ffermwyr Ieuanc Dyffryn Conwy fu'r sbardun cychwynnol. Fe'm dewiswyd yn Gadeirydd y Pwyllgor Llywio i ddechrau ond nid oedd rhyw frwdfrydedd mawr o blaid y dewis! Teimlai rhai pobl fy mod yn rhy hen, ac 'roedd ganddynt bob cyfiawnhad dros deimlo felly: 'roeddwn yn bedwar ugain oed! 'Fydd hwn byw ymhen tair blynedd?' oedd y cwestiwn a ofynnid yn ddistaw bach. Cofiaf fynd i Eisteddfod Abergwaun gyda Chadeirydd y Ffermwyr Ifainc ac wrth inni gyfarfod â phobl cymerent yn ganiataol mai fi fyddai Cadeirydd yr Eisteddfod. 'Na,' meddai yntau bob tro, ''dydi o ddim yn dilyn!' Ond er gwell neu er gwaeth cefais yr anrhydedd o fod yn Gadeirydd y Pwyllgor Gwaith. Profiad diddorol fu gweithio gyda'r gwahanol bwyllgorau — y cwbl yn Gymraeg, a hwnnw'n Gymraeg gwerth ei glywed gan hogiau a genod Uwchaled a Dyffryn Conwy. Cawsom gefnogaeth o bob cyfeiriad a bu'r brwdfrydedd a'r cyfeillgarwch yn syfrdanol. Fe'm mwynheais fy hun yn arw iawn, a bu'n Eisteddfod eithaf llwyddiannus. Buom yn ffodus yn y tywydd ac fe wnaed elw o hanner can mil o bunnau, mwy na'r un Eisteddfod arall erioed. Nid elw ariannol yn unig yw'r prawf o lwyddiant Eisteddfod, wrth gwrs, ond bu Prifwyl Llanrwst yn un hapus, gartrefol, ddidrafferthion, a dweud y lleiaf.

Ni chawsom neb yn protestio ar y maes. 'Roedd amryw byd o aelodau Cymdeithas yr Iaith ar ein pwyllgorau, un ohonynt yn Gadeirydd y Pwyllgor Ieuenctid, ac 'roeddwn wedi dweud wrthynt na fyddai gennyf fi unrhyw wrthwynebiad i brotest ar y maes ac y buaswn yn fodlon ymuno mewn protest hyd yn oed. Serch hynny, nid oeddwn o blaid gwneud pethau'n anghysurus i eisteddfodwyr eraill a fu'n gweithio'n galed am dair blynedd.

Ni allaf gondemnio egwyddorion Cymdeithas yr Iaith; cytunaf yn llwyr â'r rheiny, ond bûm yn feirniadol o'u dulliau rai troeon. Byddai'n well iddynt fynd o dŷ i dŷ i siarad â phobl neu i werthu llyfrau a chylchgronau yn hytrach nag ymgynnull yn ugeiniau i floeddio o flaen un o swyddfeydd y llywodraeth. Ond wedyn, mae'n rhaid gwneud hynny hefyd ambell dro. Yn sicr, mae gan y Gymdeithas arweinwyr gwirioneddol abl a chryf.

O gymharu Eisteddfod Dyffryn Conwy a'r Cyffiniau, 1989 ag Eisteddfodau eraill y bûm ynglŷn â hwy sylwais fod llawer gwell cydweithio rhwng y Pwyllgor Gwaith Lleol a Chyngor yr Eisteddfod, a chymerai swyddogion yr Eisteddfod yn ganolog ddiddordeb mawr yn y gweithrediadau. Bu presenoldeb cynrychiolwyr y Cyngor ar yr is-bwyllgorau lleol o gymorth yn y rhan fwyaf o'r adrannau ond, yn anffodus, esgeulusodd ambell gynrychiolydd ei gyfrifoldebau.

Cadarnhaodd Eisteddfod Genedlaethol Dyffryn Conwy a'r Cyffiniau fy nghred fod yn rhaid i'r Eisteddfod barhau i grwydro.

Gwyliau

Buasai Iwerddon yn lle diddorol i mi ers blynyddoedd ac yn destun llu o drafodaethau. Naturiol, felly, oedd trefnu i ymweld â'r wlad. Mentrodd E. V. Stanley Jones a minnau fynd i ffawd-heglu yng Ngorllewin Iwerddon a chario pabell fechan (rhy fychan i ddau hirgoes gysgu ynddi!) Mynd gyda'r trên o Ddulyn i Galway ac wedi treulio rhyw ddeuddydd yn sawru o'r gorffennol yn y dref ddiddorol ac yn clywed yr Wyddeleg yn cael ei siarad ar y stryd rhaid oedd cychwyn cerdded am Connemara.

Yn anffodus, 'roedd y tywydd yn anffafriol, gwynt a glaw bron bob dydd; rhy stormus i godi'r babell wantan ac o'r herwydd 'roeddem yn gorfod anelu at gyrraedd pentref neu dref lle ceid llety. 'Roedd y pellter rhwng dwy dref yn ein gorfodi ni i gerdded mwy nag oeddem wedi ei fwriadu a pharod oeddem i groesawu cynnig i'n cario beth o'r ffordd! Un bore stormus arhosodd car a dim ond y gyrrwr ynddo. 'Dyma lwc,' meddem. Rhoddodd y gŵr ei ben allan drwy'r ffenest a galw arnom, *'Is this game worth the candle?'* Ac i ffwrdd â fo! Gellwch ddychmygu'r ansoddeiriau lliwgar a fwriwyd am ei ben.

Er gwaetha'r tywydd cawsom ambell gyfle i flasu rhin moelni Connemara a chynhesrwydd croeso'r brodorion a phrofi fod cymunedau Gwyddeleg eu hiaith mor wahanol i awyrgylch y trefi. Ar ddiwedd y gwyliau penderfynwyd y dylid dychwelyd rywdro a pharatoi'n well ar gyfer y daith.

Y mis Awst dilynol, 1932, yr oedd Ysgol Haf y Blaid

Genedlaethol ym Mryn-mawr ac ar ddiwedd yr wythnos aeth J. E. Jones, E. V. Stanley Jones a minnau am Abergwaun a chroesi i Waterford gyda'r bwriad o gyrraedd mynachlog Sistersaidd Mount Melleray, aros yno ddwy noson ac yna teithio i Galway a chroesi i un o Ynysoedd yr Aran. Saif mynachlog Mount Melleray ar dir uchel a pherthyn iddo tua mil o aceri o dir. Yno trigai yn agos i bedwar ugain o fyneich gan dreulio pob dydd heb siarad yr un gair â'i gilydd. 'Roedd un wedi bod yno am hanner can mlynedd heb yngan yr un gair ac eithrio wrth feddyg pan oedd yn wael. Rhaid oedd iddynt wneud arwydd os am gyflwyno neges.

Croesawyd ni gan frawd lleyg wedi ei wisgo mewn cob frown laes, a locsyn du trwchus ganddo. Aeth â ni i'r tŷ croeso gan ein cyflwyno i'r Tad Columban, y gŵr a edrychai ar ôl y gwesteion. Yr oedd ef wedi ei wisgo mewn cob wen laes. Yn rhinwedd ei swydd o edrych ar ôl y gwesteion câi ef siarad yn rhydd ond ar ddiwedd ei dymor o dair blynedd âi yntau i'r distawrwydd mawr yn ôl. Aeth â ni am de; yno yr oedd y myneich yn eistedd gyda'i gilydd ac un o'r brodyr yn darllen paderau trwy'r amser. Bwyd plaen a bron popeth wedi ei gynhyrchu ar y fferm neu yn yr ardd. Buasai eu bwydlen wrth fodd llysieuwyr heddiw.

Am hanner awr wedi saith canodd cloch i'n galw i'r gwasanaeth a hwnnw yn cael ei gynnal mewn Lladin. Eisteddai'r myneich gyda'i gilydd a ninnau'r ymwelwyr mewn rhan arall o'r capel. Ar ôl y gwasanaeth daeth y Tad (Guest Master) i sgwrsio gyda ni ynghylch y grefydd Gatholig a rhoddi llyfrau i ni i'w darllen. Rhaid oedd i ni fod yn ein hystafelloedd cysgu cyn wyth o'r gloch gan fod y myneich yn codi i wasanaeth crefyddol am ddau o'r gloch y bore wedyn. Parhâi'r gwasanaeth am dair awr. Treulient y gweddill o'r dydd wrth eu gorchwylion ar y fferm, yn yr ardd neu mewn gweithdy, ac i'r gwely am wyth o'r gloch. Nid rhyfedd eu bod yn ymddangos yn ddynion cryf ac iach.

Amser te yr ail ddiwrnod daeth dyn ifanc tua deunaw oed i gydfwyta â ni: yr oedd newydd orffen ei gwrs yn y coleg hyfforddi a oedd ynglŷn â'r mynachdy. Dyn ifanc siriol a hoffus, a'r noson honno yr oedd yn cael ei dderbyn i'r Urdd ac yn wynebu treulio'i oes mewn distawrwydd heb yngan gair â'i gyd-ddyn.

Rhaid oedd gadael Mount Melleray ar ôl dwy noson a chychwyn cerdded i fyny'r mynydd nes dod i olwg Dyffryn Aur Tipperary a chyn nos cyrraedd tref hynafol Cashel lle mae castell a chadeirlan yn dyddio o'r ddegfed ganrif. Tref enwog am ei haddysg a thref ddeniadol yr olwg. Ymlaen â ni drannoeth, weithiau'n cerdded, weithiau'n cael ein cario mewn lori ac weithiau mewn bws. Ymhen deuddydd cyrraedd Galway ac aros noson yn yr un tŷ ag y bu E.V. a minnau ynddo y flwyddyn cynt.

Pan gyraeddasom y cei fore trannoeth gwelsom fod llong o'r enw Dun Angus yn hwylio'r diwrnod hwnnw am Ynysoedd yr Aran; 'roedd hi'n hwylio ddwywaith yr wythnos. Ar ei bwrdd yr oedd amrywiaeth o bobl: Gwyddelod, Cymry, Americanwyr a Saeson a thair iaith yn cael eu siarad. Yr oedd y llong yn cario nwyddau o'r tir mawr i'r ynysoedd ac yn codi pobl a nwyddau ohonynt. Inisheer oedd yr ynys gyntaf i'w chyrraedd; cariwyd gwahanol nwyddau mewn *curragh* (math ar gwrwgl) o'r Ynys at y llong a chariwyd pobl hefyd, wrth gwrs.

Arhosodd y llong yn ymyl yr ail ynys, sef Inishmaan, ac yma eto yr un oedd y drefn: trigolion yr ynys yn cario nwyddau yn y *curragh* i'w trosglwyddo i'r llong, ac yn cario pobl oedd wedi bod yn aros ar yr ynys. Wedi dadlwytho'r *curragh* rhoddwyd pob math o nwyddau o'r llong i fynd yn ôl i'r ynys: bwydydd, baco, cwrw a llawer anghenraid arall. 'Roeddym braidd yn siomedig nad oedd eisiau dod â buwch i'r llong oherwydd, yn ôl pob sôn, byddai hynny'n hwyl garw.

Ar ôl taith o dros bedair awr glaniodd y llong ger y pier yn Inishmore a dyna olygfa hynod a welsom. Yr oedd bron holl frodorion yr Ynys ar y cei, y dynion yn un rhes yn eu trowsusau brethyn cartref a jersi las dywyll a'r merched gyferbyn yn un rhes yn eu gwisgoedd tywyll a siôl ddu fawr dros eu pennau. Yr eglurhad am y seremoni oedd fod dwy eneth yn hwylio am America. Cusanodd y genethod bob un o'r merched ac ysgwydasant law â'r dynion. Golygfa drist oedd hi ar y cyfan, cyfeillion a pherthnasau yn ffarwelio â'r genethod ac yn ofni hwyrach na welent hwy byth wedyn.

O'r diwedd, dyma ni wedi cyrraedd y bwthyn lle byddem ni'n aros am bythefnos. Bwthyn bach to gwellt, wedi ei wyngalchu, lle hynod gysurus, tân mawn a chrochan yn hongian oddi ar fachyn uwchben y tân. Miss Hall, athrawes yn Ysgol Sir Llangefni oedd perchennog y bwthyn; 'roedd hi'n byw y drws nesaf i E. V. Stanley Jones yng Nghaernarfon. Cyn pen ychydig oriau cyfarfyddasom â dyn arbennig iawn a bortreadwyd yn ddiweddarach yn y ffilm *'The Old Man of Aran'*. Efe oedd brenin yr ynys; gwyddai bopeth am ei bywyd gwyllt a'i thrigolion, pobl garedig a chynnes yn byw yn galed ar dir caregog a digynnyrch, yn gorfod cludo mawn o'r tir mawr ac yn gorfod mentro i'r môr garw i bysgota a hel gwymon i wneud rhyw lun o ardd. Ond cafwyd aml noson ddifyr yn eu cwmni pan ddeuent i'r bwthyn i adrodd storïau a chanu caneuon gwerin. 'Roedd mynd ar y nosweithiau llawen, yn enwedig pan oedd *poteen* ar gael.

Llwyddodd J.E., E.V. a minnau i gadw'n glir â'r *poteen* ond penderfynwyd chwilio am ychydig i fynd gyda ni am adref. 'Roedd y llywodraeth wedi deddfu na ellid ei ddistyllu ac felly anodd oedd cael gafael ar ddim. Dyma ofyn cyngor gan y brenin. Ewch i'r fan a'r fan ym mhen draw'r ynys a gofynnwch i hwn a hwn werthu peth i chi oedd ei gyfarwyddyd. I ffwrdd â ni ond ein gwrthod a gawsom: yn wir ymddangosai'r gŵr fel pe nas gwyddai am beth y gofynnem. Yn ôl â ni a dweud yr hanes wrth y brenin. 'Wnaethoch chi ddweud mai fi a'ch hanfonodd?' 'Naddo,' meddem ninnau. 'Wel, ewch yn ôl a dywedwch wrtho.' Felly fu, a chawsom lond fflasg o *poteen*!

Cyn cefnu ar Iwerddon rhaid sôn am un ymweliad arall gyda dirprwyaeth o athrawon Sir Gaernarfon i weld pa fodd yr oedd y Dalaith Rydd yn datblygu polisi o ddysgu plant Dulyn trwy gyfrwng yr Wyddeleg. Bu nifer o athrawon yng nghwmni Gwilym Evans, Dirprwy Gyfarwyddwr Addysg a Miss Jennie Thomas, Trefnydd Iaith yn sylwi ar ddulliau dysgu nifer fechan o ysgolion Dulyn.

Yr Wyddeleg oedd cyfrwng dysgu drwy'r dydd ac eithrio awr o un ar ddeg y bore hyd hanner dydd. Yn ystod yr awr honno Crefydd ac Addoliad oedd y pynciau, ac yn Saesneg yr siaredid â'r plant. Yr oedd hyn yn ein taro ni yn rhyfedd iawn gan mai'r pynciau hyn oedd y rhai mwyaf naturiol i ni eu trafod yn Gymraeg yn Sir Gaernarfon.

Cyn diwedd y daith trefnwyd i ni gyfarfod â Mr De Valera; braint fawr gan imi fod ar un cyfnod yn dal ar bob cyfle i ddarllen amdano. Ar ôl trafod rhai pynciau addysgol gofynnais iddo pam 'roedd yr ysgolion yn neilltuo awr bob bore i ddysgu crefydd trwy gyfrwng y Saesneg. Petrusodd yn hir cyn ateb, ac er mawr syndod i mi dyma'r ateb a gawsom. 'Rhaid gwneud yn siŵr fod y plant yn deall pob gair a siaredir yn yr awr honno.' 'Wn i ddim ai dweud yr oedd fod crefydd yn bwysicach nag iaith.

Yn Berlin y cynhelid y Gemau Olympaidd yn 1936, a phenderfynodd pedwar ohonom fynd i'r ddinas honno i ddechrau ein gwyliau. 'Roeddem yn bedwar pur amrywiol: un yn gomiwnydd, un yn hanner comiwnydd ac un yn fathemategwr heb dueddiadau gwleidyddol o gwbl am wn i, a minnau. Y comiwnydd yn ein plith oedd y cyntaf i dynnu sylw at y paratoadau rhyfel yn yr Almaen. Erbyn cyrraedd Berlin ei hun 'roedd yn amlwg fod rhywbeth mawr ar ddigwydd. Gwelem faneri swastica enfawr yn crogi ar bolion o ffenestri'r rhan fwyaf o'r tai. Aeth y pedwar ohonom i swyddfa'r heddlu i holi am le i aros ac fe'n cyfarwyddwyd i lety gerllaw. Yno, gofynnwyd inni aros mewn ystafell neilltuol tra byddai'r weinyddes yn hwylio coffi. Cymerodd ei hamser. Buom yn aros am hydion, ac 'roedd y comiwnydd yn ein plith yn sicr ei bod wedi anfon am y Gestapo. Teimlai yn nerfus iawn, ond pan euthum — heb air o Almaeneg — i weld beth oedd yn digwydd, dyna lle'r oedd yr eneth yn malu cnau coffi ar ein cyfer! 'Doedd dim drwg yn y caws o gwbl: yr awyrgylch oedd yn creu pryder.

Gwelem yn eglur fod Hitler a'i gyfundrefn wedi cael gafael ffyrnig ar drigolion yr Almaen. Ym mhob caffi y cyfarchiad arferol oedd 'Heil Hitler', a gwelid gŵr a gwraig hyd yn oed yn cyfarch ei gilydd felly.

O'r Almaen aethom i Siecoslofacia. Y noson gyntaf arhosem mewn tafarn fach lle cynhelid gwledd briodas. Yn sydyn, ynghanol y dathlu, dechreuodd un o'r parti wylo'n gyhoeddus. Gwelai ryfel ar y gorwel, ac wrth gwrs, ymhen tair blynedd 'roedd ei wlad wedi'i gorchfygu yn y rhyfel mwyaf di-alw-amdano a fu erioed.

Teimlwn ar y pryd — ac 'rwy'n dal i deimlo felly — y gallai Lloegr, er gwaethaf gafael Hitler, fod wedi rhwystro'r Ail Ryfel Byd pe bai'r arweinwyr wedi bod yn barotach i drafod â'r Almaen yn ystod y blynyddoedd cynnar hynny. Byddai'r gost i wledydd Ewrop wedi bod yn llawer llai.

Bu Eluned a minnau ar wyliau yn y Pyrenees cyn priodi. Ar y trên y teithiem arni 'roedd yna Wyddelod yn mynd ar bererindod i Lourdes. Aethom ninnau yno hefyd a gwelsom y baglau a'r ffyn o gwmpas y lle ond nid oes gennyf unrhyw brawf fod y bobl a'u gadawodd ar eu holau wedi cael iachâd.

Bu'r daith i'r Pyrenees yn un ddiddorol iawn, yn enwedig esgyn i'r eira ar gefn bastard mulod. 'Roeddem ni ar ochr Ffrainc i'r Pyrenees, a'r ochr arall 'roedd hi'n rhyfel cartref yn Sbaen a gallem glywed y saethu.

Ar un gwyliau aethom gyda'r Parchedig Cynwil Williams a'i barti i Israel. Wrth aros i fynd ar yr awyren dyma'r dyn wrth y giât yn dweud wrthyf fi, '*You'll have*

*to stand on one side, you and your wife. I don't know whether
you will be allowed to land in Israel. You've got a Liberian
stamp on your passport and it's doubtful whether they'll accept
you.'* Bu ar y ffôn am hydion cyn cael gwybod ei bod hi'n
iawn inni fynd. I mi, ymddangosai'r peth yn ffôl. Pe bai
gennyf basbort blwyddyn ni fyddai enw unman arno ond
am fod un deng mlynedd yn cynnwys enwau gwledydd
eraill 'roedd peryg' imi gael fy nghosbi. Ond taith
ddiddorol dros ben oedd yr un i Israel.

'Roedd gennyf ragfarn yn erbyn yr Iddewon oherwydd
y ffordd y maent yn trin y Palestiniaid, ond mae'n rhaid
dweud eu bod wedi cyflawni gwyrthiau mewn gwlad
anhygyrch iawn. O safbwynt hanes Beiblaidd yr oedd rhai
honiadau nad oedd yn taro'n iawn i mi, ond fe wnaeth
dau beth argraff fawr arnaf.

Wrth groesi i Gapernaum gallai dyn deimlo bod y lle
yn union fel yr oedd yn nyddiau'r Iesu; 'roedd yn brofiad
a afaelai ynoch. Lle arall a wnaeth argraff arnaf oedd yr
eglwys yn Ngardd Gethsemane. Mis Ionawr oedd hi ac
nid oedd rhyw lawer o neb arall yno ar y pryd.
Eisteddasom yn nistawrwydd dwys yr eglwys, bron mewn
tywyllwch, yn wynebu croes a cherflun o Grist a'r tri
disgybl a fu gydag ef yn yr ardd. Daeth Cynwil o amgylch
i rannu'r bara a'r gwin a'r unig eiriau a lefarodd wrth bob
un ohonom yn ein tro oedd 'Corff Crist' a 'Gwaed Crist'.
Dyna'r sacrament mwyaf effeithlon a brofais i eirioed, a
hynny yn yr union fan y daliwyd Crist i fynd ag ef i'w
groeshoelio.

Un peth a roes sioc imi yn Israel oedd ei militariaeth.
Ym mhob cwr a chornel gwelid rhywun yn cario gwn;
'roedd yno ferched, hyd yn oed, yn cario gynnau.

Dangosodd un ferch inni gannoedd o gytiau wrth ymyl Jerico lle bu'r Palestiniaid yn trigo un adeg. Awgrymais innau nad oeddynt ddim amgenach na chytiau ieir, a'r ateb swta a gefais oedd, *'They're good enough for them.'*

Mae'n debyg mai'r gwyliau mwyaf helbulus a gawsom oedd yr un yn Diano Marina, yr Eidal, nid nepell o'r ffin â Ffrainc. Yr oedd dwy gyfnither i Eluned, dwy chwaer o Lundain, gyda ni ac 'roedd un ohonynt, Dorothy, yn dioddef o gancr ers rhai blynyddoedd. Yn ystod ein harhosiad yn y gwesty gwaethygodd ei chyflwr yn gyflym a bu'n rhaid cael ambiwlans i'w hebrwng i'r ysbyty agosaf, a hynny yn anghyfrifol o wyllt hefyd, o ystyried ei bod hi mor wael. Pan gyrhaeddwyd yr ysbyty cafwyd anawsterau cyfathrebol, sef fy niffyg Eidaleg i a diffyg Saesneg pob copa walltog o'r staff. Yr unig beth amdani oedd ffonio'r gwesty a chael y rheolwr i gyfieithu dros y ffôn. Siaradwn i yn Saesneg gydag ef gan roi manylion am y claf ac yna trosglwyddo'r ffôn i'r meddyg i glywed y cyfieithiad. Yr un modd, gofynnai'r meddyg gwestiynau perthnasol i reolwr y gwesty a throsglwyddo'r ffôn i mi i glywed y cyfieithiad, ac felly, yn ôl a blaen o'r naill i'r llall am allan o hydion. Pan estynnais y pecyn tabledi a gymerai'r claf — cryn ugain o rai gwahanol bob dydd — edrychodd y meddyg arnynt am ychydig eiliadau cyn eu taflu o'r neilltu gan ochneidio, *'Dottori Inglesi!'*

Bu Dorothy farw'r noson honno, a dymunai Eleanor, ei chwaer, am ryw reswm, iddi gael ei chladdu yn Diano Marina. Pan ddaeth y trefnydd angladdau â hi yn ei harch 'roedd y caead yn agored a'i hwyneb hithau wedi'i goluro fel pe bai'n mynd ar lwyfan theatr. Cafwyd gweinidog Presbyteraidd o Nice, Ffrainc, i gymryd y gwasanaeth ac nid oedd neb ond ef, Eleanor, Eluned a minnau yn bresennol. Pan ddeallodd ymhle 'roedd Eluned a minnau'n byw dywedodd ei fod wedi treulio blynyddoedd yn weinidog ym Mae Penrhyn!

Un o'r pethau callaf a wnaeth Eluned a minnau oedd prynu carafán. 'Roedd hynny yn niwedd y pumdegau a ninnau'n byw yn Negannwy. Rhoesom hysbyseb yn y *North Wales Weekly News* yn gofyn am garafán ail-law mewn cyflwr da ac, yn rhyfedd iawn, cafwyd ateb gan ddyn a oedd yn byw gefngefn â ni. Gweithiai yn y Gwasanaeth Sifil ac ychydig amser ynghynt cawsai ei symud o Lundain. Wedi dod i Ddegannwy i fyw prynodd garafán newydd sbon ond cyn pen dim cafodd ei anfon yn ôl i Lundain. Felly, cawsom garafán bron yn newydd am bris eithaf rhesymol.

Rhyw brynhawn Sadwrn ym mis Awst dyma gychwyn am Dorset a chyn y diwrnod hwnnw nid oeddwn erioed wedi tynnu unrhyw beth y tu ôl i'r car. Aethom i fyny Bwlch Gorddinan am Flaenau Ffestiniog a minnau'n mynd mor araf nes bod cryn hanner milltir o gynffon y tu ôl inni! Cyraeddasom y Ganllwyd ac er mai dim ond rhyw ddeugain milltir yr oeddem wedi'i deithio teimlwn fod hynny'n hen ddigon am y diwrnod hwnnw. Aeth Eluned allan o'r car a phan welodd ryw ddyn gofynnodd iddo a wyddai am le y gallem osod y garafán dros nos. 'Ewch â hi i lawr at yr afon yn fan'cw,' meddai yntau. Y gŵr hwnnw oedd Thomas Edwards, Dolmelynllyn, a dyna gyfarfyddiad ffodus os bu un erioed. Anghofiwyd Dorset, ac ar dir Dolmelynllyn y buom am yn agos i fis! Yn wir, buom yn mynd yno'n rheolaidd am flynyddoedd ar ôl hynny ac yn crwydro Meirionnydd gan ddilyn llyfr T. I. Ellis.

'Roedd Thomas Edwards yn fardd gwlad ac yn ŵr diddorol ei sgwrs. Ei dri phrif ddiddordeb oedd yr Eisteddfod, Rasys Cŵn Defaid a Chyfarfodydd Pregethu. Cawsom gyfeillgarwch a chymwynasgarwch di-ben draw ganddo ac, yn wir, 'roedd yn anodd iawn ei ddarbwyllo i dderbyn tâl. Cofiaf yn arbennig y flwyddyn 1966, a'r garafán wedi bod yno am rai wythnosau. Cyn troi am adref gofynnais iddo faint oedd arnom am ein lle. 'Dim byd,' meddai yntau. ''Dydi Gwynfor wedi mynd i mewn!'

Un waith yn unig y buom yn aros mewn maes carafanau swyddogol a bu'r profiad hwnnw yn un eithaf annymunol. 'Roeddem wedi parcio ar dir a berthynai i Fwrdd Dŵr Hafren-Trent yng nghyffiniau Rhaeadr Gwy ac ymhen peth amser daeth dyn mewn lifrai atom a dweud na chaem aros yn y fan honno. Cyfeiriodd ni i ryw wersyll swyddogol tua'r dwyrain, ac er mor atgas gennyf oedd cael fy hel oddi ar dir fy ngwlad fy hun gan un o swyddogion Bwrdd Dŵr Hafren-Trent, rhaid oedd ufuddhau i'w orchymyn. Pan ddaethom at fynedfa'r gwersyll swyddogol gwelem arwydd yn datgan yn glir *'Dogs not allowed'* Popeth yn iawn: nid oedd gennym gi. Gan na welwn unrhyw swyddfa na derbynfa o fath yn y byd euthum i chwilio am y perchennog neu bwy bynnag a oedd yn gyfrifol am y lle ac wrth i mi roi fy mhen trwy ddrws un o'r carafanau cefais fy mrathu yn fy nghoes gan gi. *'Dogs not allowed'* ar f'enaid i! 'Roedd yn rhaid cael meddyg ac, yn ffodus iawn, pan ddeuthum o hyd i'r swyddfa a oedd wedi'i lleoli mewn gwesty cyfagos, cefais afael nid yn unig ar berchennog y safle ond ar feddyg hefyd. Wrth gwrs, 'roedd y perchennog yn gwrthod yn lân â chredu fy mod wedi fy mrathu gan gi ond credu fu raid iddo pan welodd y briw. Ar ôl i'r meddyg fy ymgeleddu aethom i chwilio pob twll a chornel o'r gwersyll ond, er mawr embarás i mi, ni welsom olwg o gi na hyd yn oed gath yn unman! Ie, dyna'r unig dro i ni aros mewn gwersyll swyddogol.

Wrth sôn fel hyn am garafanio ni allaf beidio â meddwl am R. Williams Parry. Arferai ef fynd yn rheolaidd i wersylloedd carafanau mewn lleoedd poblog fel y Rhyl a Phrestatyn a hyd yn oed arfordir dwyrain Lloegr. Y rheswm am hynny oedd ei fod yn cael perffaith lonydd mewn mannau felly: nid oedd neb yn ei adnabod na neb yn gofyn ei farn am ryw englyn neu gân byth a hefyd. Pan oedd Eluned a minnau'n priodi 'roedd yn aros mewn carafán yn y Rhyl a chan fod Mrs Parry wedi gorfod mynd i'r Rhos at ei thad a oedd yn wael 'roedd yno wrtho'i hunan. Cefais gerdyn ganddo yn gofyn a gâi ei esgusodi rhag dod i'r gwasanaeth priodas yn y Waunfawr ond y byddai'n bresennol yn y wledd yng ngwesty'r Castle ym Mangor. 'Roedd wedi gyrru ei siwt i gael ei glanhau ac ni allai ei chael yn ôl mewn pryd i'r gwasanaeth!

Aeth ef a Mrs Parry i Skegness un tro ac ar y ffordd yno 'roeddynt yn aros noson mewn rhyw gae. Ganol nos dyma'r cynnwrf rhyfeddaf: sŵn curo, a'r garafán yn cael ei hysgwyd yn chwyrn. 'Roedd y ddau wedi dychryn yn arw ond magodd y bardd ddigon o blwc i agor y ffenest' a gweiddi, *'Where's my gun?' 'Here it is, fully loaded!'* meddai Mrs Parry. Nid bod hynny wedi dychryn dim ar y defaid a bwniai'r garafán! Fel y dywedodd ef ei hun, 'Tipyn o sceg nes cyrraedd Skegness!'

Rhaid dychwelyd at fy ngharafán fy hun cyn terfynu. Cafodd Eluned a minnau flynyddoedd lawer o bleser yn ei sgîl a daethom i adnabod Cymru yn llawer gwell. Bu'n fendith fawr, a chyda chryn chwithdod y penderfynwyd ymadael â hi yn y diwedd. Rhoesom hysbyseb yn y *North Wales Weekly News* ac am wyth o'r gloch ar y bore yr ymddangosodd yr hysbyseb daeth galwad ffôn o Fethesda ac fe drawyd bargen sydyn. Rhy sydyn efallai, oherwydd cyn nos cafwyd deuddeg ymholiad arall!

Bellach, daeth dyddiau'r crwydro i ben. Yn niwedd Hydref 1991 collais Eluned wedi hanner cant a dwy o flynyddoedd dedwydd gyda'n gilydd. Er na chytunai â'm safbwynt bob amser — 'roedd hi'n annibynnol ei barn ac ni fyddai'n fyr o'i datgan — bu'n gefn, yn gymorth ac yn gysur trwy holl droeon yr yrfa. A heddiw, er gwaethaf yr hiraeth, mae cofio'r dyddiau da a gawsom wrth orchwyl ac ar wyliau yn fodd i 'hybu'r galon rhwng yr esgyrn crin'.

'. . . Heddiw-a-ddilyn-Ddoe . . .'

Yn Ysgol Haf Bryn-mawr yn 1932 bûm yn traethu ar Economeg Amaethyddiaeth ac o ganlyniad i'r anerchiad hwnnw fe'm hetholwyd yn aelod o Bwyllgor Gwaith a Phwyllgor Economaidd y Blaid. Saunders Lewis, wrth reswm, oedd Cadeirydd y ddau bwyllgor a gallaf dystio ei fod yn un o'r cadeiryddion gorau a welais erioed. Byddai'n paratoi'n fanwl cyn pob cyfarfod. Ar un ochr i'w ffeil byddai'r pynciau y bwriedid eu trafod ac ar yr ochr gyferbyn byddai ganddo nodiadau trylwyr ar bob pwnc. Yr oedd hefyd yn adnabod yr aelodau yn well nag y disgwylid efallai, a'i ddull o ymdrin â'r gwahanol bynciau oedd gofyn i un aelod arbennig roi ei farn ar bwnc arbennig oherwydd y gwyddai fod gan yr aelod hwnnw gryn dipyn o wybodaeth a barn bendant ar y mater. Os dechreuai rhywun arall baldaruo rhoddai daw arno yn gwrtais a symud ymlaen at y mater nesaf.

Ar y Pwyllgor Gwaith yr adeg honno 'roedd pobl alluog fel Ambrose Bebb, gŵr na chafodd sylw haeddiannol am ei lafur aruthrol dros y Blaid a thros Gymru; J. E. Daniel, D. J. Williams, Moses Griffith, Cassie Davies, Gwenallt, Gwenan Jones, y Parch. J. P. Davies a Dr. D. J. Davies, yr economegydd. 'Roedd y trafodaethau rhyngddo ef a Saunders yn werth eu clywed.

Y pryd hwnnw 'roedd Dr. D. J. Davies a'i briod, Dr. Noëlle Davies, yn byw ym Mhant-y-beiliau, Gilwern, lle'r oedd yn fwriad ganddynt sefydlu Ysgol Werin ar batrwm ysgolion gwerin Denmarc. Yn y fan honno yr arferai'r

Pwyllgor Economaidd gyfarfod, ac yn eu plith Saunders Lewis, J. E. Daniel, J. E. Jones, Dr. D. J. Davies a minnau, a'n prif ddifyrrwch rhwng trafodaethau oedd chwarae coets ar y lawnt. Dylwn egluro nad coetio gyda chylchoedd haearn a wnaem ond yn hytrach taflu coeten rwber dros rwyd weddol uchel rhwng y ddau dîm. Y gamp, wrth reswm, oedd dal y goeten cyn iddi gyffwrdd â'r ddaear. Byddai J. E. Jones a minnau, sef y ddau ieuengaf, yn cystadlu yn erbyn J. E. Daniel a Saunders, ac mae'n rhaid dweud bod Saunders yr un mor eithriadol o chwim a heini y tu ôl i'r rhwyd ag ydoedd ynglŷn â phopeth arall a wnâi. Pan soniais wrtho mewn llythyr rywdro fy mod wedi bod yn chwarae coets yn rhywle arall cefais ateb yn fy rhybuddio na ddylwn ymarfer rhwng cyfarfodydd y Pwyllgor Economaidd!

Dyn diddorol iawn oedd Dr. D. J. Davies. Yn fachgen deuddeg oed aeth i weithio i'r pwll glo ac yna cyn bod yn ugain oed ymfudodd i'r Unol Daleithiau lle bu, ymysg pethau eraill, yn focsiwr proffesiynol. Ar ôl dychwelyd i Gymru bu'n weithgar gyda'r Blaid Lafur ond ymunodd â'r Blaid Genedlaethol yn fuan ar ôl 1925. Ef oedd awdurdod y Blaid ar faterion economaidd a'i bamffledi a'i lyfrau ef oedd ein 'hefengyl' pan aem allan i annerch cyfarfodydd. Fe'n hargyhoeddodd ni nad mater o adfer hunan-barch cenedlaethol yn unig oedd ennill hunanlywodraeth ond mantais economaidd yn ogystal, yn unol â phatrwm economi gydweithredol Denmarc.

Fel y crybwyllais eisoes, penderfynodd ef a Dr. Noëlle Davies sefydlu Ysgol Werin ym Mhant-y-beiliau ac yn hydref 1934 agorwyd yr ysgol gyda nifer fechan o efrydwyr di-waith ond, gwaetha'r modd, ni fu'r fenter yn llwyddiant a daeth i ben yn niwedd 1935. Bu dylanwad D. J. Davies ar athroniaeth a pholisïau'r Blaid yn ddifesur yn y cyfnod hwnnw. At hynny, 'roedd yn gwmni diddan bob amser a chawsom lawer o ddifyrrwch yn yr Ysgolion Haf yn gwrando arno'n adrodd hanes ei ornestau bocsio yn America.

Cwmnïwr difyr tu hwnt oedd J. E. Daniel hefyd ac 'roedd llawenydd mawr yn y Blaid pan ymunodd ef. Yr oedd yn ŵr galluog dros ben, yn athronydd, yn ddiwinydd ac yn wleidydd craff hefyd. Eto i gyd, 'roedd rhyw naturioldeb hogynnaidd yn perthyn iddo. Cefais lawer o'i gwmni yn ei gar MG wrth fynd i annerch cyfarfodydd hwnt ac yma. Yn aml iawn, byddai'r gynulleidfa yn druenus o fychan ond traethai ef yr un mor goeth â phe bai'r lle'n orlawn; yn wir, pan gâi'r gwynt i'w hwyliau 'roedd yn siaradwr argyhoeddiadol iawn. Daeth yn Is-lywydd ac wedyn yn Llywydd o 1939 hyd 1943 ar ôl i Saunders roi'r gorau i'r swydd. Colled enbyd i Gymru, i grefydd ac i'r Blaid oedd iddo ymddiswyddo o Goleg Bala-Bangor lle'r oedd y Prifathro John Morgan Jones ar fin ymddeol. Ef oedd yr olynydd naturiol ond gan ei fod yn briod â Phabyddes yr oedd cryn anniddigrwydd ymhlith yr Annibynwyr. Fy hunan, credaf eu bod wedi gwneud llawer gormod o'r peth. Aeth yn Arolygydd Ysgolion ond 'roedd yn gwbl amlwg nad oedd ei galon yn y gwaith hwnnw.

Un tro cafodd prifathrawon Llandudno a'r cylch wahoddiad i fynd i'w glywed yn traethu ar y defnydd o ddramodig mewn addysg. 'Dramodig' oedd y gair mawr ar y pryd, a chyflwynodd yntau ddramodig fer wedi ei seilio ar Ddameg y Samariad Trugarog. 'Wel, dyna hi,' meddai. 'Be' 'dach chi'n feddwl ohoni?' Distawrwydd llethol! Gan ei fod yn fy adnabod ac yn fwy hy arnaf fi nag ar y gweddill, gofynnodd beth a feddyliwn i o'r ddramodig. 'Mae'n well gen i'r hanesyn fel y mae o yn y Beibl,' atebais. 'A finnau hefyd,' meddai'r Arolygydd!

Yn Ysgol Haf y Bala yn 1937 'roedd gan Ranbarth Conwy gynnig gerbron, sef, os cofiaf yn iawn, cynnig yn gwrthwynebu symud plant o'r wlad i ysgolion yn y trefi ac 'roeddwn innau i fod i siarad ar y mater. Cyfreithiwr ifanc iawn yr olwg oedd yn siarad o'm blaen, a'i gynnig ef oedd y dylid gwneud y Gymraeg yn iaith swyddogol ym mhob cylch o fywyd Cymru. Gan fy mod yn ysu am gael dweud fy mhwt a chael gorffen teimlwn fod fy rhagflaenydd yn parablu'n ddiddiwedd! Gwynfor Evans oedd y siaradwr hwnnw, a dyna'r tro cyntaf iddo ymddangos mewn Ysgol Haf. Dyna'r tro cyntaf a'r unig dro hefyd i minnau deimlo ei fod wedi siarad yn faith! Ymhen chwe blynedd fe'i hetholwyd yn Is-lywydd, ac yna, yn 1945, yn Llywydd y Blaid.

O'r dechrau un nid oedd unrhyw amheuaeth ynglŷn â safbwynt Gwynfor. Yn nhraddodiad yr arloeswyr cynnar, credai'n ddiysgog mewn hunanlywodraeth ac nid oedd undim a'i denai oddi ar y llwybr hwnnw. Efallai nad oedd mor danbaid â rhai — yn sicr, 'roedd yn fwy addfwyn gyda chynulleidfa nag oedd Saunders — ond 'roedd ei ymroddiad a'i ddycnwch yn ysbrydoliaeth i ni oll. O 1947 hyd 1950 cefais y fraint o fod yn Is-lywydd a chael cyfle i gydweithio'n glós ag ef. Meddyliwch amdano yn dod yr holl ffordd o Langadog i Gonwy rhyw gyda'r nos i annerch cyfarfod lle'r oedd pedwar neu bump yn bresennol a theithio'n ôl i Langadog yr un noson. Ie, a gwneud hynny heb godi'r un geiniog o dreuliau. Nid dyna'r unig enghraifft: gwnâi hynny'n rheolaidd ar hyd a lled Cymru. Yn y cyswllt hwn mae'n deg dweud na chododd Saunders ychwaith yr un geiniog o gostau ar y Blaid erioed.

Mae'n debyg ei bod yn anorfod i'm cenhedlaeth i gymharu Gwynfor a Saunders ac, wrth reswm, 'roedd y ddau yn wahanol iawn ar lawer cyfri. Nid oedd heddychiaeth Gwynfor yn plesio Saunders. 'Roedd Gwynfor yn barotach i dynnu llaw dros ben rhywun a pherswadio trwy deg tra oedd Saunders yn perswadio trwy rym, grym argyhoeddiad ac ymresymiad. Gwynfor, wrth gwrs, oedd ac yw ffefryn y cyhoedd ond wedi dweud hynny ni wn i am neb o blith holl siaradwyr y Blaid a fedrai gael gafael ar gynulleidfa i'r un graddau â Saunders. Fe'i cofiaf yn siarad ym Mlaenau Ffestiniog ar bwnc mor astrus â'r Safon Aur ac fe allasech glywed pin yn disgyn yn y neuadd orlawn.

Wedi i'm cyfnod yn Is-lywydd ddod i ben nid oeddwn yn ymwneud cymaint â'r Blaid yn ganolog ond 'roeddwn serch hynny yn Gadeirydd Pwyllgor Rhanbarth Conwy ac yn sgîl hynny y deuthum i gyffyrddiad agosaf ag un o weithwyr mwyaf egnïol y Blaid, sef Dafydd Orwig. Ef oedd y trefnydd etholiad, ac fel y gŵyr pawb sy'n ei adnabod, os bu erioed drefnydd, Dafydd Orwig yw hwnnw. Mae'n un o'r bodau prin hynny sy'n cyflawni pob tasg yn ddiymdroi ac nid oes unrhyw dasg yn rhy fychan ganddo i'w gwneud. Nid yw ots ganddo ychwaith fod rhywun arall yn cael y clod a'r sylw ar draul ei lafur ef. Cefais ei gwmni am flynyddoedd lawer ar Gyngor Sir

Gwynedd hefyd a phrin fod gan y Blaid aelod mwy gwerthfawr ar unrhyw Gyngor Sir.

Un arall y cefais lawer iawn o'i gwmni oedd y diweddar annwyl R. E. Jones. Er fy mod eisoes wedi cyfeirio ato fwy nag unwaith, efallai mai dyma'r lle i grybwyll ei gyfraniad amhrisiadwy yntau i'r frwydr dros ryddid ac i'n diwylliant fel cenedl. Bu'n Is-lywydd y Blaid, yn olygydd *Y Ddraig Goch* ac yn ymgeisydd seneddol yn etholaethau Conwy ac Arfon. Ymddiddorai'n fawr mewn areithyddiaeth ac, o gyfuno'r diddordeb hwnnw â'i ddoniau llenyddol yn ogystal â'i arabedd nid yw'n syndod yn y byd ei fod yn siaradwr cyhoeddus tan gamp. Bu R.E. a minnau'n ffrindiau mynwesol am ragor na thrigain mlynedd, o ddyddiau coleg hyd at ei farwolaeth yn 1992. Gellir dweud amdano yntau, fel y dywedodd ef yn ei englynion coffa rhagorol i J.E.:

> Glendid ei gadernid o — roes i'w wlad,
> Rhoes lewder di-ildio;
> Rhoes ei ddeall diball, do,
> Rhoes ei enaid dros honno.

Er rhoi'r gorau i'r Pwyllgor Gwaith 'roeddwn yn parhau i fynychu'r Cynadleddau a'r Ysgolion Haf ac yn gweld to newydd yn codi i gymryd yr awenau. Etholwyd Dafydd Wigley yn Llywydd ac 'roedd yn arweinydd poblogaidd a dylanwadol iawn. Serch hynny — ac nid bai Dafydd mo hyn — ni theimlwn fod yr un cynhesrwydd a'r un ymroddiad ymhlith yr aelodau ag a oedd yn y dyddiau cynnar. Ond wedyn, efallai mai datblygiad anorfod oedd hynny ac mai arwydd o gynnydd a llwyddiant oedd colli'r naws deuluol a deimlid gynt.

Oherwydd amgylchiadau personol sy'n hysbys ddigon

bu'n rhaid i Dafydd Wigley roi'r gorau i'r Llywyddiaeth ac fe'i holynwyd gan Dafydd Elis Thomas, hogyn o'r dyffryn hwn a ymladdodd ei etholiad cyntaf yn yr etholaeth hon a minnau'n Gadeirydd y Pwyllgor Rhanbarth ar y pryd. Yn naturiol, mae gennyf gryn feddwl o Dafydd Elis ac edmygaf ei allu diamheuol ond yn fy marn i ni fu ei lywyddiaeth yn llwyddiant. Teimlwn ei fod yn ymdebygu gormod i Neil Kinnock ac yn ceisio gwneud polisi'r Blaid yn dderbyniol gan bawb a phopeth. Nid dyna'r ffordd. Un polisi gwirioneddol sydd, sef yn gyntaf oll ennill yr hawl i roi'r egwyddorion sosialaidd, neu beth bynnag y bônt, mewn grym; hynny yw, hunanlywodraeth. Rhyw wamalu â'r nod sylfaenol hwnnw a wnaed yn ystod Llywyddiaeth Dafydd Elis Thomas.

Yna daeth Dafydd Wigley yn Llywydd am yr eildro ac nid oes gennyf ronyn o amheuaeth nad yw ef yn olyniaeth yr arweinwyr cynnar. Yn wir, teimlaf fod y Blaid unwaith eto yn ei hôl ar y llwybr priodol a chalondid o'r mwyaf i mi oedd bod yn bresennol yng Nghynhadledd Caerdydd yn Hydref 1993 a chlywed rhai o'r siaradwyr ifainc yn mynegi eu hargyhoeddiad mor groyw a phendant. Prin y medrai'r un ohonynt amgyffred y llawenydd, y balchder a'r gobaith a roesant yng nghalon hen ŵr wyth a phedwar ugain mlwydd oed. Prin y medrent amgyffred yr hiraeth ychwaith. Gallwn glywed lleisiau'r gorffennol; gallwn weld yr hen wynebau gynt; ond yn bennaf oll, gwelwn Gymru'n cerdded 'rhagddi i dir ei haddewid.'